OBSERVATIONS

POUR LES

INSTITUTEURS.

OBSERVATIONS

POUR LES INSTITUTEURS,

SUR LES

ÉLÉMENS D'ARITHMÉTIQUE

A L'USAGE DES ÉCOLES PRIMAIRES ;

PRÉCÉDÉES D'UNE NOTICE SUR LA VIE DE CONDORCET,
PENDANT SA PROSCRIPTION.

OUVRAGE qui a obtenu le suffrage du jury des livres élémentaires, et qui a été couronné, et jugé digne d'être imprimé, par une loi du 11 germinal an IV.

PAR J.-B. SARRET.

A PARIS,

Chez { FIRMIN DIDOT, libraire, rue Thionville.
{ DETERVILLE, libraire, rue du Battoir.

AN VII.

AVERTISSEMENT.

L'ouvrage qui paraît aujourd'hui sous mon nom, et dont quelques circonstances peu importantes à connaître ont retardé l'impression, a été publiquement attribué (1) à un homme justement célèbre, auquel les sciences et les lettres doivent beaucoup, et dont la fin déplorable et trop prématurée a laissé un grand vide dans cette carrière ; à un de ces hommes dont la nature est si avare ; à un homme à qui son génie et ses lumières ont assigné une place parmi les savans de première ligne ; à un philosophe dont le nom et les malheurs réveillent, chez tout vrai ami de la république, des idées bien déchirantes ; à un philantrope dont le souvenir sera toujours cher aux amis de l'humanité, et dont la perte a été si douloureuse pour tous ceux qui avaient le bonheur de le connaître ; enfin au vertueux, à l'illustre et infortuné CONDORCET.

Je dois à la mémoire de ce grand homme, et je me dois à moi-même, de lui faire hommage de la part qu'il a eue à mon travail. Mais avant de payer ce tribut, il est intéressant pour ceux qui aiment et recherchent la vérité, il est surtout important pour moi, vu la publicité qui fut donnée, dans le tems, à l'espèce de procès qui a existé, au sujet de cet ouvrage, entre la veuve Condorcet et

---

(1) On trouvera plus bas le rapport fait au conseil des Anciens, sur cet ouvrage.

moi (1) ; il est important, dis-je, que je fasse connaître quelle a été l'issue de cette contestation, et ce qui paraît lui avoir donné lieu. Je pense d'ailleurs que le lecteur ne sera pas fâché de trouver ici une notice sur les derniers mois de la vie de cet homme intéressant sous tant de rapports.

CONDORCET trouva, pendant sa proscription, et par un heureux hasard, un asile sûr, je dirai même agréable, chez une femme alors presque ignorée, quoique bien distinguée, sans contredit, par ses qualités morales. Je tairai son nom, elle m'en a fait la loi ; mais je puis dire que par les attentions délicates et constamment soutenues, les soins tendres mais purs, mais désintéressés qu'elle a prodigués à cette innocente victime du malheur, qu'elle avait reçue sans la connaître autrement que de nom ; par son dévouement à la conservation de ce précieux dépôt ; par son courage à braver les dangers évidens qui la menaçaient elle-même ; par son zèle, sa vigilance scrupuleuse à prévenir non-seulement les besoins, mais les desirs de son hôte ; par ses inquiétudes continuelles, dans la crainte

---

(1) Voyez l'article anonyme inséré dans la DÉCADE PHILOSOPHIQUE LITTÉRAIRE ET POLITIQUE du 30 messidor an 4 ; ma réponse dans le MONITEUR du 19 thermidor, ou dans le MERCURE FRANÇAIS du 20 du même mois ; et la réplique du rédacteur de la DÉCADE dans le MONITEUR du 1er fructidor ; réplique où la partialité est assez évidente, pour que tout le monde puisse la remarquer, et pour que j'aye cru pouvoir me dispenser d'y répondre.

de ne pas assez bien remplir les devoirs d'une hospitalité qui lui était devenue sacrée ; par ses vertus privées, surtout son humanité, sa bienfaisance en vers tous les malheureux sans distinction ; par une noblesse et une délicatesse de sentimens peu communes; par cette sensibilité plus qu'humaine, dont la plus douce jouissance est dans le bonheur des autres, et dont tous les mouvemens tendent à le procurer..... Je puis dire qu'elle honore un nom déjà illustré par un artiste célèbre, auquel elle était alliée.

Que votre modestie ne s'effarouche pas, trop généreuse amie, je m'impose silence sur tout ce que j'aurais à dire encore pour peindre les qualités, trop peu connues, de votre cœur, celles de votre esprit, et l'amabilité de votre caractère ; oui, quelque besoin que j'aye de manifester mes sentimens à votre égard, quel que soit mon désir pour que chacun puisse vous apprécier dignement, je m'arrête, de peur qu'on ne soupçonne d'adulation ce qui ne serait pourtant qu'un éloge mérité.

Pendant tout le tems que CONDORCET passa dans cette retraite, c'est-à-dire pendant huit mois entiers, j'eus le bonheur, logeant sous le même toit, de vivre avec lui, et de seconder la vigilance, de partager, autant qu'il était en mon pouvoir, les soins de son ange tutélaire. Pendant ces huit mois où nous ne l'avons pas perdu de vue un seul instant, pour ainsi dire, nous avons été les témoins et les admirateurs de sa douceur, de sa patience, du calme inaltérable de son ame, de sa résignation à un sort immérité ; je pourrais dire de son indifférence pour lui-même, car les objets de ses plus vives sollicitudes étaient la république, sa femme, son enfant, ses amis.

Il partageait son tems entre le travail; la lecture (de romans principalement, dont il dévorait une quantité incroyable); la société de sa bienfaitrice, qu'il avait nommé sa seconde mère (titre dont elle était assurément bien digne) et avec laquelle il aimait beaucoup à converser; celle du citoyen Marcoz, membre de la Convention, qui habitait aussi la même maison, homme autant recommandable par sa moralité que par ses connaissances, et dont l'amitié m'est bien précieuse; (c'était lui qui procurait des livres, des journaux et autres papiers, et donnait les nouvelles du jour, surtout celles de la Convention); enfin la mienne, s'il m'est permis de me compter, et de tems en tems celle de quelques amis qui étaient dans le secret de sa retraite.

Il travaillait assez régulièrement toute la matinée, c'est-à-dire jusqu'à l'heure du dîner, et dans son lit jusqu'à midi, pour se garantir du froid des jambes, auquel il était sujet et sensible. L'après-dînée, jusqu'à sept ou huit heures, était consacrée à la société dont je viens de parler. Elle était employée à la lecture des journaux, et à des conversations dont on se doute bien qu'il faisait le principal agrément, soit par son esprit, par l'étendue de ses lumières, soit par une foule d'anecdotes piquantes dont sa mémoire était meublée. À huit heures il se remettait au travail, jusqu'à dix. L'intervalle entre dix heures et celle du coucher se passait entre lui, sa seconde mère et moi.

Telle était la manière de vivre habituelle de CONDORCET dans l'asile qui lui servit de refuge, et où *il ne lui manquait*, a-t-il dit plus d'une fois, *pour être heureux, que le bonheur de son pays, et la présence des personnes qui l'attachaient à la vie.*

C'est-là qu'il composa l'ouvrage posthume qu'on a de lui (1), et qui n'est que le sommaire d'un autre beaucoup plus considérable qu'il se proposait sur la même matière.

C'est-là qu'oubliant, nouvel Archimède, le péril imminent de sa vie, le glaive suspendu sur sa tête, il s'élevait dans les hautes mathématiques, et cherchait à résoudre ou proposait des problêmes de géométrie transcendante (2).

C'est-là que son génie actif jetait les fondemens d'une langue philosophique universelle (3).

C'est-là que son patriotisme éclairé, ne respirant que la gloire de la France et les succès de la République, méditait, et com-

---

(1) *Esquisse du tableau des progrès de l'esprit humain.*

(2) Le citoyen MARCOZ remit plusieurs fois des problêmes à résoudre au citoyen ARBOGAST, membre aussi de la Convention, qui vraisemblablement ne soupçonnait pas, et qui peut-être ignore encore de quelle part ils lui venaient.

(3) Il avait imaginé et préparait l'établissement de cette langue, il en avait même tracé quelques signes.

muniquait les moyens qui pouvaient y con-
tribuer (1).

C'est de là que, sous le voile de l'anonyme,
il dévoilait, à travers un persiflage amer, les
vues secrètes de PITT (2), et lançait le ridicule
sur les races royales (3).

Là il s'occupait de l'éducation à donner
à son ÉLISA (c'est le nom de sa fille , alors
âgée de quatre ans), et traçait dans quelques
conseils pour elle, un cours complet de
morale (4).

Là......... mais je ne finirais pas , si je
voulais faire connaître tous les sujets sur lesquels s'exerçait son esprit fécond.

Une chose bien digne de remarque , et
qui seule suffirait pour peindre sa grande
ame , mais qui n'étonnera que ceux qui ne
le connaissaient pas : c'est qu'il ne lui est
jamais échappé la moindre injure , c'est que
même il n'a jamais témoigné de l'humeur
contre ses ennemis , ses calomniateurs , ses

---

(1) Le même MARCOZ fit parvenir au comité de salut
public plusieurs mémoires très-importans pour le succès
de la guerre contre la coalition. Ce comité était sans
doute bien éloigné d'imaginer que l'auteur était un de
ses proscrits.

(2) Voyez l'écrit ayant pour titre : *Junius à Wil-
liams Pitt*, imprimé dans le Mercure Français du 29
nivôse an 2.

(3) Il avait composé un petit écrit très-piquant, intitulé *Essai sur la dégradation physique des races
royales*, qui devait être imprimé, mais qui ne l'a pas été.

(4) Ces conseils sont connus de plusieurs personnes,
et méritent d'être entre les mains de tout le monde.

persécuteurs. *Que leur feriez-vous*, lui demandait un jour sa gardienne, *s'il arrivait que leur sort fût entre vos mains ?.... Tout le bien que je pourrais*, répondit-il sans hésiter, et avec cet air de bonté qui lui était naturel. Il le pensait.

Ce sont des animaux....... ils ne savent ce qu'ils font...... Voilà tout ce que j'ai entendu de plus fort, en fait d'injure, dans sa bouche, et lorsqu'il y avait quelque nouvelle loi, quelques nouvelles mesures qui lui paraissaient mauvaises, et qui l'affligeaient vivement.

Je dirai, pour ceux qui pensent que la sensibilité du cœur est étrangère à la philosophie, que c'était pourtant une des qualités de CONDORCET. J'ai eu plus d'une occasion de la remarquer dans ces tems désastreux, dans ces jours de sang et de deuil qu'on ne se rappelle qu'en frémissant ; mais je n'en citerai pour preuve que les larmes que je lui ai vu verser, lorsqu'il apprit l'arrêt de mort porté contre ses infortunés amis de la Gironde, et celles que lui arrachaient assez souvent la privation de sa fille, ainsi que ses inquiétudes sur le sort futur de cet enfant chéri. Je n'ai pas été témoin de celles-ci, car, disait-il, *les hommes ne pleurent pas devant les hommes* ; mais je sais qu'il les répandait souvent en son particulier, et quelquefois dans le sein de sa seconde mère, devant laquelle il ne craignait pas de montrer cette honorable faiblesse ; si toutefois on doit qualifier de faiblesse l'expression d'un sentiment aussi sacré.

 AVERTISSEMENT.

Les bornes d'une notice ne me permettent pas de parcourir tous les traits saillans que je pourrais rassembler, et que j'offrirai peut-être quelque jour au public, sur ce grand homme bien digne, hélas, d'un meilleur sort ; mais je ne puis me refuser à faire de lui deux citations qui seules valent un volume d'éloge.

Deux ou trois mois avant sa mort, et dans un moment où il craignait pour les jours de sa femme, il avait fait, pour sa seconde mère, un écrit qui contenait ses derniers désirs au sujet de son Élisa, dans le cas où, comme il le dit dans cet écrit, *elle serait destinée à tout perdre*. Cette pièce est très-courte, mais je ne la donnerai pas, vu qu'elle est une propriété de celle à qui elle fut adressée ; j'en citerai seulement deux passages.

« Qu'elle (sa fille) soit élevée dans les
» mœurs et vertus républicaines. . . . .
» . . . .
» Qu'on éloigne d'elle tout sentiment de
» vengeance personnelle ; qu'on lui apprenne
» à se défier de ceux que sa sensibilité pour-
» rait lui inspirer ; qu'on le lui demande en
» mon nom ; qu'on lui dise que je n'en ai
» jamais conçu aucun ».

La gardienne de Condorcet est Provençale, et en a l'aimable vivacité, la gaieté, la franchise. Elle a de plus un goût né, peut-être du talent pour la poësie, et fait par fois de très-jolis vers, quoiqu'elle n'ait reçu d'autre instruction, d'autre éducation que celle de la nature, au moins dans tout ce qui n'a pas rapport aux principes de la morale. Pour égayer son hôte, elle s'amusait de tems en tems à lui faire quelques couplets : *Savez-vous*, lui dit-il un jour, *que vous m'en ferez faire ?*........ En effet il composa peu de tems après une pièce de vers, les seuls qu'il ait faits, sous le titre d'ÉPITRE D'UN POLONAIS EXILÉ EN SIBÉRIE, EN 1768, A SA FEMME. Cette pièce ne m'appartenant pas plus que l'autre, je m'imposerai la même réserve, mais j'en citerai deux vers dignes d'être mis au bas du portrait de ce grand homme :

« Ils m'ont dit : *choisis d'être oppresseur ou victime* ;
» J'embrassai le malheur, et leur laissai le crime. »

Je viens à la cruelle catastrophe qui nous a coûté et nous coûte encore tant de pleurs et de regrets.

Nous étions depuis quelque temps menacés d'une visite domiciliaire, mais nous avions dans notre secret quelqu'un, à portée d'être bien instruit, qui devait nous prévenir à tems. La veille du jour que CONDORCET quitta son asile (c'était le 4 germinal, an 2), un inconnu se présenta chez la propriétaire de la maison (la gardienne du proscrit), sous prétexte de voir un appartement qui était à louer. Il fit connaître, par nombre de quéstions singulières, et étrangères à l'objet qu'il disait l'avoir amené, qu'il n'était pas, comme le dit ensuite CONDORCET, qui de son réduit avait entendu tout le colloque, *un chercheur d'appartement*, et qu'il savait, ou au moins soupçonnait quelqu'un caché dans la maison.

Il parla de visites pour le salpêtre, et donna à entendre que vraisemblablement on viendrait en faire ; ajoutant, et il le répéta plusieurs fois avec une sorte d'affectation, que *si l'on avait quelque chose de précieux, il fallait y bien prendre garde, vu que ceux qui étaient chargés de ces visites n'étaient pas toujours des gens sur qui l'on pût compter.*

On doit juger que cet individu nous intrigua beaucoup, et nous ne pouvions deviner s'il était venu pour espionner ou pour donner un avis généreux (je dois dire à sa louange qu'il était venu dans cette dernière intention, nous l'avons su depuis). Quoi qu'il en soit, le lendemain matin Condorcet reçut une lettre qui lui annonçait qu'on devait, peut-être le même jour, faire une visite dans la maison qu'on soupçonnait recéler des fugitifs du Midi.

Cette lettre, qui indiquait à l'infortuné une autre retraite, l'obligea de quitter celle qu'il s'était proposé d'habiter toute sa vie. Hélas ! nous ne prévoyions pas qu'une absence, qui devait ne durer que trois ou quatre jours, était une séparation éternelle. Je n'imaginais pas que nos embrassemens dans la plaine de Montrouge, où je l'avais accompagné seul et en plein midi, étaient un dernier adieu.

Il se rendait alors à Fontenai-aux-Roses (1), chez S...., son ancien ami. Je n'ai jamais pu savoir au juste ce qui se passa entre eux ; mais deux ou trois jours après, le malheureux

---

(1) Village auprès de Paris.

Condorcet fut arrêté à Clamart, sous Meudon (1), dans un cabaret où la faim l'avait conduit, et de-là traduit comme un criminel dans une prison du Bourg-Egalité (2), où celui que nous avions eu le bonheur de soustraire, pendant huit mois, à la hache décemvirale, termina lui-même ses jours par le poison.

Telle a été la fin de cet homme rar tant par ses qualités et ses vertus que par son génie et ses vastes connaissances.

Le jour et au moment même d'un départ devenu si funeste, Condorcet me remit un petit sac de toile renfermant des papiers, et me dit : *Tenez, voilà quelques papiers ; vous en ferez ce que vous voudrez.*

Une partie de ces papiers contenait des calculs algébriques ; une autre, quelques idées éparses sur différens sujets, quelques pensées isolées ; une autre, des matériaux, des essais de signes pour la langue philosophique dont j'ai parlé plus haut, et dont il nous avait plusieurs fois entretenus ; mais la plus grande partie contenait des notes relatives au grand ouvrage qu'il s'était proposé sur *le tableau des progrès de l'esprit humain.* Ceux-ci furent les seuls que je conservai (3), et je puis dire au péril de ma vie, quoiqu'en les cachant avec soin ; mais je jugeais qu'ils pourraient devenir un jour très-précieux pour lui, lorsqu'il continuerait cet ouvrage. Tout le reste fut brûlé comme à-peu-près inutile, et parce

______

(1) (2) Villages auprès de Paris.
(3) Ils ont été depuis remis à sa veuve.

que le volume eut été trop considérable,
par conséquent plus difficile à soustraire aux
visites.

Parmi ce qui fut ainsi sacrifié se trouvaient
trois ou quatre feuilles, écrites à mi-marge,
sur l'arithmétique ; c'est-à-dire contenant
quelques vues générales et une exposition
du plan qu'il s'était proposé de suivre dans
des élémens de cette science, qu'il destinait
au concours ouvert quelque tems auparavant
par la Convention nationale, pour des ouvrages élémentaires d'instruction publique ;
plus des réflexions et raisonnemens sur la
méthode qu'il croyait devoir être suivie dans
l'enseignement ; plus un fragment de la première leçon, tant dans la partie destinée aux
élèves, que dans celle destinée aux instituteurs ; division qu'il avait adoptée pour son
ouvrage, et que j'ai conservée dans le mien.

Quand j'eus pris lecture de ces feuilles, je
fus singulièrement frappé de voir que les principes et la méthode de CONDORCET étaient
conformes à ceux que j'avais conçus et mis
en pratique ; dirai-je avec quelque succès,
dans une éducation particulière dont je m'étais
chargé quelques années auparavant. Cette
connaissance, qui me flatta grandement,
mais m'étonna bien davantage, m'inspira
le désir de travailler sur son plan, et d'exécuter à ma manière ce qu'il avait entrepris.

Mais une difficulté vint se présenter à mon
esprit : devais-je, ou non, faire usage des
feuilles que CONDORCET m'avait laissées (je
pourrais dire données) ? S'il eut été possible
de le nommer, la difficulté aurait été bientôt

levée, mais deux raisons péremptoires s'y opposaient.

L'une, qu'à cette époque je ne pouvais, sans exposer ma vie et celle de plusieurs autres personnes, prononcer son nom, ou du moins avouer des relations avec lui (1).

L'autre, qu'en le nommant, j'eusse contrevenu à la condition de l'anonyme expressément imposée pour être admis au concours (2).

Or il répugnait infiniment à ma délicatesse de me servir de l'ouvrage d'un autre, à son insu, et sans pouvoir le nommer. Cependant que pouvais-je faire de mieux que de prendre CONDORCET pour guide de mon travail, que d'adopter ses vues, que de suivre son plan, autant du moins que le comportent mes faibles moyens ?

Je fis part de mon embarras au citoyen MARCOZ, en lui communiquant les feuilles de CONDORCET (3). Il fut d'abord d'avis que je ne devais pas en faire usage, puisque je ne pouvais ni le nommer, ni avoir son consentement ; nous ne savions alors où il était (4). Mais après avoir discuté les rai-

---

(1) On sait qu', avant le 9 thermidor, c'eut été se vouer à une mort presque certaine.

(2) Voyez le décret de la Convention Nationale du 9 pluviôse an 2.

(3) Ce fait et un autre, non moins important, sont attestés dans un certificat que j'ai de lui, et qu'on trouvera plus bas.

(4) Ceci se passait quelques jours après le départ de cet infortuné, et dans un moment où il n'existait plus ; mais nous l'ignorions. Il m'avait bien dit en me

sons pour et contre, nous finîmes par décider que je pourrais m'en servir, sauf à lui en faire hommage, si l'ouvrage avait du succès; sinon, qu'il serait inutile de faire mention de lui pour si peu.

Tel fut le motif qui me détermina à employer ces feuilles, ou plutôt à emprunter

---

quittant qu'il allait à FONTENAI, et que de là il se rendrait peut-être au PƐQ (village auprès de St. GERMAIN-EN-LAYE), puis reviendrait dans son asile; mais nous ne savions rien de plus à son sujet. Son silence à notre égard nous étonnait, mais nous imaginions, ou qu'il craignait de nous compromettre, ou que la personne qui lui donnait alors asile exigeait que nul ne fut dans son secret, ou bien qu'il avait trouvé le moyen de passer en Suisse, comme le bruit en courait. Un fait constant, mais qui surprendra sans doute, c'est que ce n'a été que long-tems après le 9 thermidor, que nous avons été certains de sa mort. Nous apprimes, il est vrai, et par hasard, environ trois mois après qu'il nous eut quittés, qu'un individu, dont on ignorait le nom, avait été arrêté quelque tems auparavant dans les bois de MEUDON, et était mort en prison ; ou selon une autre version : qu'on avait trouvé, dans le bois de MEUDON, un homme mort de faim, et qui était inconnu. Ces nouvelles nous donnaient de l'inquiétude, mais comme elles étaient vagues, et rapportées sur de simples oui-dire, par des gens qui ignoraient l'intérêt que nous pouvions y prendre; comme d'ailleurs elles pouvaient regarder tout autre que CONDORCET, d'autant plus que la mort de celui-ci eut été à cette époque, au moins nous le pensions, un événement auquel on n'eut pas manqué de donner de la publicité, nous ne tinmes pas grand compte de ces annonces, dont nous n'avions au surplus aucun moyen de vérifier l'authenticité, et sur lesquelles même il n'eut pas été prudent de faire des recherches. Hélas! il n'était pourtant que trop vrai que ces avis sinistres étaient, à quelques circonstances près, le récit exact de la fin déplorable de notre malheureux ami.

les idées et une partie du plan de CONDORCET. Je dis une partie du plan, parce que la totalité eut été au-dessus de mes forces, et que d'ailleurs le tems, dans lequel j'étais circonscrit (1), ne m'eut pas permis de l'embrasser en entier, même quand j'en aurais été capable. D'un autre côté, comme dans le programme du concours on demandait, en arithmétique, des instructions sur les premières règles seulement, j'avais entendu par *premières règles* les quatre premières règles ordinaires, et je ne me serais occupé que de celles-là, même quand j'aurais eu le tems d'aller plus loin; car j'ai traité mes Élémens comme étant destinés à la première classe des écoles (aux écoles primaires), et je pense toujours que les quatre premières règles sur les nombres entiers et les nombres fractionnaires doivent suffire pour cette classe.

Mais le plan de CONDORCET était beaucoup plus vaste, et embrassait, outre les quatre premières règles d'arithmétique, des *élémens de géométrie; la théorie des proportions et des équations du premier degré; celles des combinaisons; les problêmes indéterminés, et les problêmes linéaires.*

Quoiqu'il en soit, voici à quoi se réduit tout ce que j'ai emprunté de lui : *la division de l'ouvrage en leçons; la division du même ouvrage en deux parties : l'une pour les élèves, l'autre pour les instituteurs; une*

____

(1) Je commençai mon travail vers le 15 germinal, et le concours n'était ouvert que jusqu'au 30 prairial inclusivement.

partie de l'espèce d'introduction qui devait sans doute servir de préface; plus *un fragment de la première leçon dans chaque partie* (1).

Mon travail ne put être achevé que le lendemain de la clôture du concours, quoique trois mains différentes eussent été employées à le copier; et ce fut encore le citoyen Marcoz qui se chargea de le remettre au comité d'instruction publique de la Convention, où les ouvrages devaient être envoyés. Sa modestie l'a empêché de déclarer que je le lui soumettais à mesure que je composais, et que je dois à ses lumières et à son amitié plusieurs corrections très-judicieuses.

J'ignorai pendant près de deux ans le sort de mon ouvrage, et le jugement qui en avait été porté, quoique j'en eusse plus d'une fois demandé des nouvelles; mais au bout de ce tems, je lus dans le Moniteur du 16 germinal an IV, un rapport fait à la tribune du conseil des Anciens, dans lequel on attribuait ouvertement, et nominativement à Condorcet les élémens d'arithmétique que j'avais envoyés au concours. Je ne parle pas de l'éloge pompeux qu'on en faisait, il était moins donné au mérite de l'ouvrage qu'au nom de l'auteur présumé; mais qu'on juge de mon étonnement, en voyant une semblable annonce, faite publiquement, et contre

---

(1) J'aurai soin d'indiquer, dans la Préface, tout ce qui est de Condorcet. Quant au fragment, les idées de Condorcet se trouvent confondues avec les miennes, dans les deux premières leçons de mon Ouvrage.

la

la vérité, et sans aucune démarche préalable pour la connaître (1).

Je me rendis aussitôt chez le rapporteur de la commission, pour réclamer contre une opinion que je n'attribuais qu'à l'ignorance des faits, ou tout au plus à une présomption conçue trop légérement ; mais je le trouvai entièrement prévenu, absolument convaincu que je voulais m'approprier l'ouvrage en question, *qui*, disait-il, *n'était qu'une copie amplifiée d'un manuscrit qu'on avait de* CONDORCET (2) ; manuscrit dont j'entendais parler pour la première fois. En vain lui alléguai-je mon ignorance sur l'existence de ce manuscrit; en vain voulus-je lui donner connaissance des faits ; en vain lui présentai-je mon brouillon écrit en entier de ma main, et surchargé de ratures et d'apostilles; en vain lui citai-je des personnes dignes de foi qui avaient été témoins oculaires, l'une même co-opérateur de mon travail (3) ; en vain.... tout fut inutile. La vérité ne lui parut pas assez séduisante dans ma bouche, et je n'emportai de chez lui que des persiflages, très-spirituels sans

---

(1) Il me paraît qu',avant de se prononcer d'une manière aussi tranchante, aussi solennelle, on aurait dû s'enquérir des faits, on aurait dû, ne fût-ce que par égard pour le citoyen MARCOZ, qu'on savait avoir remis l'Ouvrage au comité d'instruction publique, s'informer auprès de lui, de qui il était, ou du moins s'il était de CONDORCET. Voilà, si je ne me trompe, quelle devait être la marche naturelle d'un ami de la vérité et de la justice, mais on ne la prit pas.

(2) Ce manuscrit a été imprimé; ainsi chacun est à portée de comparer les deux Ouvrages.

(3) On trouvera plus bas leurs certificats.

contredit, mais bien hors de saison, accompagnés de cette déclaration positive : *qu'il connaissait la manière de* CONDORCET......

Je n'entrerai pas dans d'autres détails sur la tracasserie qui me fut suscitée au sujet de mon ouvrage ; tracasserie aussi injustement soutenue que légèrement intentée, à laquelle certes je ne devais pas m'attendre, et qui eut été étouffée dès sa naissance, si on eut daigné prendre en considération, et ma moralité qui n'a jamais mérité d'être suspectée, mais pour laquelle on trouva plus simple de n'avoir aucun égard ; et la preuve matérielle offerte par mon brouillon ; et les témoignages authentiques que je produisais ; et la déclaration formelle, mille fois réitérée, de la gardienne de CONDORCET, instruite comme moi de la vérité, et tout aussi incapable de l'altérer ; de la gardienne de CONDORCET, pour laquelle cependant on affiche, ou on affecte les sentimens les plus distingués d'amitié, d'affection, de reconnaissance, d'estime, de vénération, d'admiration (sentimens qui au reste lui sont certainement bien dus) ; et peut-être les rapports qui avaient existé entre CONDORCET et moi, pendant le tems que nous avons vécu ensemble ; je n'entrerai pas, dis-je, dans le détail des circonstances particulières de cette contestation, elles n'intéresseraient personne. Je me bornerai simplement à rapporter la décision qui mit fin à ce différend, et les certificats que mes adversaires ont jugé à propos de regarder comme insignifians.

ÉGALITÉ.   LIBERTÉ.

Institut national des sciences et arts, classe des sciences physiques et mathématiques.

EXTRAIT *des registres de la classe, séance du 21 fructidor, an 4 de la République française, une et indivisible.*

Le citoyen Bossut lit le rapport suivant :

Le ministre de l'intérieur ayant consulté la première classe de l'Institut (1) *sur l'iden-*

---

(1) *Note de l'auteur.* Le ministre (ou plutôt ceux qui se couvraient de son nom) s'arrogeait un droit qui ne lui appartenait pas. Il est en effet bien incontestable que, quel que fût l'auteur de l'Ouvrage, nul autre que celui qui l'avait envoyé au concours, n'était en droit de le réclamer ; et que, celui-ci une fois reconnu, le ministre simplement dépositaire, ne pouvait, sans partialité, sans une injustice évidente, accueillir la réclamation d'un autre. Il n'avait donc aucun motif légitime pour refuser de me rendre l'Ouvrage, aucune raison pour refuser de restituer le dépôt à celui qui était reconnu pour l'avoir confié (sauf à la veuve CONDORCET à faire valoir, d'une manière quelconque, ses prétentions). Toute autre attribution, toute autre considération devaient lui être étrangères. Ainsi tout acte contraire était une vexation, un abus de pouvoir ; d'autant plus que je m'en étais formellement expliqué (il ne s'agissait pas alors de l'Institut) dans une lettre écrite antérieurement au chef de la 5.ᵉ division du mi-

tité ou la différence de deux traités ma-
nuscrits d'arithmétique, qu'il lui a fait
passer avec diverses pièces qui y sont re-
latives, la section des mathématiques char-
gée de cet examen, en présente ici briéve-
ment le résultat.

L'un de ces traités est écrit de la main
de Condorcet; l'autre a été envoyé par le
citoyen Sarret au concours des livres élé-
mentaires pour l'instruction publique, et a
obtenu le prix.

Le manuscrit de Condorcet contient les
quatre règles ordinaires de l'arithmétique,
accompagnées de plusieurs notes instructives
et assez étendues pour diriger les institu-
tuteurs dans l'enseignement. L'Ouvrage cou-
ronné contient également les quatre règles
de l'arithmétique; il contient de plus la
théorie des fractions ordinaires, celle des
fractions décimales, et une instruction sur
les nouvelles mesures. L'auteur a formé une

---

nistère de l'intérieur, qui, par sa place, avait presque
entièrement à sa disposition toute la conduite de cette
affaire. Je ne cherche pas au reste à pénétrer les
vues secrètes de ceux qui érigeaient ainsi arbitrairement en tribunal une assemblée auguste, pour laquelle
j'ai sans contredit toute la vénération due à ses lumières
et à ses travaux, mais à qui le droit attribué ne pouvait
évidemment appartenir que de mon consentement. Or on
ne me l'avait pas même demandé. Il n'eut donc tenu qu'à
moi de réclamer contre cette attribution, et de décliner
cette juridiction, comme incompétente par le droit; mais
j'avais une pleine confiance en sa justice, mais j'étais bien
persuadé que cette justice est inaccessible à toute espèce
d'intrigue.

seconde partie d'un corps de réflexions pour les instituteurs.

Il y a dans ces deux Ouvrages, indépendamment de la ressemblance générale nécessitée par celle des matières, d'autres ressemblances particulières, quant à la méthode et à diverses observations métaphysiques sur la science. Le citoyen Sarret, en s'attribuant l'Ouvrage couronné, reconnaît lui-même qu'il doit plusieurs idées à Condorcet, en particulier la division de son traité en deux parties, l'une pour les élèves, l'autre pour les instituteurs. Mais les deux Ouvrages ne sont pas exécutés de la même manière ; le style en est différent ; celui qui a été couronné est plus développé et plus complet que l'autre. Enfin pour répondre avec précision à la question proposée, nous ne croyons pas qu'ils puissent être regardés comme le même Ouvrage.

A Paris, le 21 fructidor l'an 4, signés LAGRANGE, LAPLACE, LEGENDRE, BOSSUT.

La classe approuve le rapport, et en adopte les conclusions. Certifié conforme à l'original, à Paris, le 21 fructidor an 4 de la République Française, une et indivisible.

Signé, B. G. E. LACÉPÈDE, Secrét.

Je joins ici les certificats dont j'ai parlé plus haut, savoir : celui du citoyen MARCOZ ; celui du citoyen LENOIR-LAROCHE, ex-constituant, aujourd'hui membre du conseil des Anciens ; et celui du citoyen GUILLAUMET, alors secrétaire du citoyen Lenoir (1). La mort m'a privé de celui d'un autre citoyen, qui avait été, comme le citoyen Guillaumet, employé à mettre au net mon Ouvrage.

Copie du certificat du citoyen Marcoz.

Je soussigné déclare que le citoyen Sarret m'a remis pour le concours des ouvrages élémentaires d'instruction publique, un manuscrit intitulé, Élémens d'arithmétique, avec des Observations pour les Instituteurs; que cet Ouvrage auquel le jury a adjugé le prix, a été réellement composé par le citoyen Sarret, à l'exception d'une partie du discours préliminaire, du plan et de la division de l'Ouvrage, qu'il m'a annoncé avant même de se livrer à son travail, appartenir au célèbre et malheureux Condorcet, en me montrant trois ou quatre feuillets écrits par Condorcet, sur ce sujet, et en me témoignant le regret qu'il avait de ne pouvoir le citer alors, parce qu'il aurait exposé la vie de toutes les personnes qui, comme lui, avaient concouru à donner asile à Condorcet pendant sa proscription. En foi de quoi j'ai signé avec la plus parfaite connaissance des faits. Paris, le 28 prairial an 4 de la République Française, une et indivisible. Signé Marcoz, membre du Corps Législatif, ex-membre de la Convention Nationale

---

(1) Les originaux de ces certificats sont entre mes mains. Ils furent produits dans le tems au ministre de l'intérieur.

Copie du certificat du citoyen Lenoir-Laroche.

Je déclare que, dans nombre de visites que j'ai rendues au citoyen Sarret, pendant les mois de germinal, floréal et prairial de l'an 2, je l'ai trouvé constamment occupé d'un Ouvrage relatif à des élémens d'arithmétique, qu'il m'a dit être destiné pour le concours qui était alors ouvert; que j'ai vu son manuscrit écrit de sa main, et chargé de ratures; qu'il est de ma connaissance que le citoyen Guillaumet, qui travaillait chez moi, a été employé à le transcrire. Je déclare de plus, que la connaissance que j'ai depuis long-tems de la moralité et de la droiture du citoyen Sarret, le rend incapable à mes yeux de s'attribuer l'ouvrage d'autrui, et qu'il m'a dit plusieurs fois que le commencement de son Ouvrage appartenait à Condorcet, qui lui avait remis deux ou trois feuilles le jour même qu'il quitta son asile. En foi de quoi j'ai signé le présent. A Paris le 28 prairial, l'an 4 de la République Française. Signé à l'original LENOIR-DE-LAROCHE.

Copie du certificat du citoyen Guillaumet.

Je soussigné déclare et certifie que pendant le mois de prairial an 2, étant alors secrétaire du citoyen Lenoir-de-Laroche, j'ai été occupé pendant plusieurs jours chez le citoyen Sarret, à copier un Ouvrage sur l'arithmétique, auquel ledit citoyen Sarret travaillait, et qu'il me dit être destiné pour le concours alors ouvert ; que cet Ouvrage était divisé en deux parties, intitulées l'une : Élémens d'arithmétique ; l'autre : Observations pour les Instituteurs ; que ce que j'ai copié dudit Ouvrage l'a été sur un brouillon en feuillets détachés , écrit en entier de la main du citoyen Sarret , et chargé de ratures en plusieurs endroits ; que j'ai vu le citoyen Sarret travaillant à la composition de cet Ouvrage dans le même tems que j'étais occupé à le copier, écrivant à côté de lui et sur la même table ; qu'il est à ma connaissance qu'une partie dudit Ouvrage a été copiée par un citoyen nommé Mignot, qui habitait la même maison que le citoyen Sarret, et une autre partie par le citoyen Sarret lui-même. Je déclare et certifie de plus , que la copie dudit Ouvrage ne put être achevée que le lendemain du jour fixé pour la clôture du concours, et que le citoyen Sarret me dit qu'il espérait qu'il serait admis malgré cela , parce qu'il le ferait présenter par le citoyen Marcoz , député à la Convention. En foi de quoi j'ai signé le présent, pour servir et valoir ce que de raison. A Paris le 28 prairial , l'an 4 de la République Française. Signé à l'original ,

GUILLAUMET.

Voici maintenant le rapport fait, sur mon Ouvrage, à la tribune du Conseil des Anciens.

Extrait du rapport fait, au Conseil des Anciens, dans la séance du 11 germinal, an 4, par Lacuée, sur les livres élémentaires présentés au concours ouvert par la loi du 9 pluviose, an 2 (1).

« Le jury des livres élémentaires n'a fait qu'une seule et même classe des ouvrages qui contiennent les règles d'arithmétique et de géométrie-pratique, et de ceux qui font connaître les nouvelles mesures, et leur rapport avec les anciennes.

» Parmi un grand nombre d'écrits envoyés au concours, et qui, pour la plupart, sont plus recommandables par le sentiment qui les a produits, que par le talent qui les a exécutés, six ont été distingués par le jury ; mais un seul lui a paru digne d'être imprimé par les ordres du Corps législatif.

» Cet ouvrage est intitulé : *Élémens d'Arithmétique, avec des Observations pour les Instituteurs.*

» Il est divisé en deux parties : la première est destinée aux élèves, et la seconde aux professeurs. L'une et l'autre sont écrites avec la pureté et la précision qui caractérisent les ouvrages faits par une main très exercée, et un esprit supérieur à la matière qu'il traite. L'écrivain a bien reconnu le but qu'il doit frapper, et il s'en rapproche toujours d'un pas égal et ferme. Comme il suppose, ainsi qu'il le devait, que les élèves qu'il veut instruire n'ont aucune des connaissances qu'il

---

(1) Voyez le Moniteur du 16 germinal an 4.

veut leur donner, il ne néglige aucun détail;
comme il sait qu'une chaîne non interrompue
lie les vérités, et surtout les vérités mathé-
mathiques, il ne franchit aucun intermédiaire; comme il sait aussi que la plupart
des erreurs prennent naissance dans l'abus
des mots, il n'emploie aucune expression
technique ou figurée, dont il n'ait fixé le sens
avec une rigoureuse précision. Les hommes
qui savent les mathématiques n'apprendront
peut-être rien dans ce traité; mais ils connaîtront tous qu'on leur aurait épargné beaucoup de tems et d'étude, si on leur eut
mis entre les mains un ouvrage semblable.
Quelques-uns avoueront peut-être que, s'ils
ne sont point devenus, en le lisant, plus
profonds arithméticiens, du moins ont-ils
fait des pas nouveaux dans l'art du raisonnement.

» Quelque mérite que réunisse l'Ouvrage
destiné pour les élèves, votre commission
a été encore plus vivement frappée du talent
que décèlent les Observations pour les instituteurs, et de l'utilité dont cette seconde
partie sera pour tous les Français.

» Composer un bon livre élémentaire est un
travail difficile, et qui n'appartient qu'au
génie capable de saisir d'un même coup-d'œil
la liaison qui existe entre les bases et le faîte
de l'édifice de chaque science; mais il est
plus difficile encore, s'il est possible, d'indiquer aux instituteurs la méthode la plus
naturelle, et par conséquent la plus prompte
et la plus sûre, de faire parvenir la vérité
jusqu'aux enfans, de la leur faire reconnaître,

et de leur enseigner à l'apprécier ; et c'est-
là ce que l'auteur a fait avec art et succès.

» D'après le compte qué je viens de vous
rendre de l'Ouvrage, peut-être paraîtra-t-il
d'abord inutile d'en nommer l'auteur ; car
aujourd'hui les noms n'ajoutent ni au mérite
des actions, ni à celui des ouvrages. Cependant votre commission a voulu que je vous
le fisse connaître ; elle a jugé que cet écrivain
en fournissant un grand modèle à tous les
gens de lettres, et une leçon sublime à tous
les républicains, a acquis le droit d'être cité
avec louanges à la tribune nationale ; elle a
jugé que vous n'apprendriez pas, sans un
vif intérêt, que c'est à CONDORCET que nous
devons les ÉLÉMENS D'ARITHMÉTIQUE, et qu'il
les a composés dans l'intervalle qui s'écoula
entre sa proscription et sa mort. CONDORCET
traçant un ouvrage élémentaire pour les des-
cendans de ces mêmes hommes qui le pour-
suivaient avec un féroce acharnement, qui
semblaient altérés de son sang, paraîtra,
s'il est possible, plus grand à vos yeux, que
CONDORCET distribuant, au nom d'une asso-
ciation célèbre, l'éloge et, pour ainsi dire,
la gloire à ceux de ses illustres confrères
que la mort moissonnait autour de lui. Quant
à moi, je l'avoue, si j'avais reçu du Ciel le
don de peindre les grands hommes, je montrerais plus volontiers CONDORCET dans l'obscur
asile où les factieux l'avaient contraint de se
réfugier, traçant les premiers élémens de l'é-
numération, que CONDORCET reculant, dans
les jours de sa gloire, les bornes des sciences
mathématiques, ou appliquant les lumières de

l'analyse et celles du calcul à l'art d'organiser les corps sociaux, et d'administrer les affaires publiques. Je le montrerais avec plus de plaisir enseignant combien font deux et deux, que s'élevant en quelque sorte au-dessus des sciences et des hommes, recherchant l'origine des premières sociétés, parcourant, à l'aide de l'histoire, la suite des siècles écoulés, à l'aide de son génie, celle des siècles à venir, mesurant d'une main hardie tous les degrés d'accroissement qu'ont obtenu les connaissances humaines, et tous ceux que la nature leur destine encore. Ici, je puis ne voir qu'un homme qui obéit aux élans de son génie, qui cherche à écarter l'image de la mort par des sensations fortes et une entière absorption de lui-même; qui ne songe peut-être, en déployant tout son génie, qu'à faire rougir ses contemporains de leur férocité. Là, je reconnais Socrate mourant, et cependant encore occupé de l'instruction de ses contemporains : là je vois en un mot le plus beau modèle que puisse offrir à des gens de lettres, un philosophe consacrant à sa patrie ingrate jusqu'aux derniers momens de sa douloureuse existence.

» Votre commission s'est d'autant plus laissé entraîner aux regrets dont elle m'a rendu l'organe, qne l'Ouvrage de Condorcet n'est, pour ainsi dire que commencé; cependant comme il comprend les quatre premières règles de l'arithmétique appliquées aux entiers et aux décimales, et des explications aussi nettes que détaillées sur les nouvelles mesures de toute espèce, il nous suffira pour les écoles primaires : nous avons lieu d'espérer d'ailleurs que quelque autre savant excité par vos encouragemens, comme par l'exemple de Condorcet, ainsi que par celui que vient de leur donner le célèbre Lagrange, que quelque autre savant, dis-je, consacrera quelques momens au développement des principes élémentaires que nous désirons. Si notre espoir était trompé, nous ne devrions cependant pas en être trop vivement affectés; nous possédons quelques Ouvrages qui pourront, si ce n'est remplacer totalement, du moins suppléer, sous beaucoup de rapports, à ce dont le vandalisme et les factions nous ont privés ».

Si le rapport, qu'on vient de lire, ne regardait que le grand homme auquel on a voulu rendre un hommage sans contredit bien mérité, je ne me permettrais aucunes réflexions; et pénétré, plus que personne, des sentimens si dignement exprimés par le rapporteur, je le prierais seulement de souffrir que j'ajoute mon denier au tribut qu'il paye à cette cendre vénérée, que je joigne une palme aux lauriers dont il couvre la tombe de notre ami. Mais comme je me trouve personnellement intéressé dans ce rapport, je crois devoir témoigner, à son auteur, ma reconnaissance pour la part qui m'en revient. Je me rends trop de justice pour avoir la prétention d'imaginer que cette part devait être et eut été telle, si l'Ouvrage n'avait été cru de Condorcet; et je ne doute nullement que mon principal mérite soit d'avoir su suivre, quoique de bien loin, mon modèle. Aussi je me plais à faire remarquer que l'éloge qui, dans le rapport, regarde ce grand maître, reste dans tout son entier. Il y a plus : c'est que quand même CONDORCET n'aurait eu aucune part à l'Ouvrage, cet éloge serait encore justement appliqué, relativement aux autres productions de ce génie sublime, surtout celles qui l'occupaient dans sa retraite, et notamment le traité qu'on m'a si gratuitement accusé d'avoir amplifié. Ainsi, quoique le rapporteur de la commission ait été induit en erreur sur le véritable auteur de l'Ouvrage dont il avait à rendre compte, il n'a pas été moins fondé à acquitter, au nom de la génération présente et de la postérité, la dette contractée envers l'homme célèbre, dont la vie entière a été vouée au progrès des sciences, au bonheur de l'humanité, et dont les derniers momens, pour me servir des termes du rapporteur, étaient encore consacrés à une patrie ingrate.

PRÉFACE.

La Convention Nationale a, par son décret du 9 pluviose (an II), ouvert un concours pour des ouvrages élémentaires destinés aux écoles nationales. Dans le nombre de ces ouvrages, elle a demandé des *instructions sur les premières règles d'arithmétique et de géométrie-pratique*, dans lesquelles devront entrer *des instructions sur les nouvelles mesures, et sur leurs rapports avec les anciennes les plus généralement répandues*. Mais quoiqu'elle ait désiré qu'on traitât, dans le même ouvrage, la partie arithmétique et la partie géométrique, elle n'a pas sans doute entendu exclure du concours celui qui ne traiterait que l'une des deux ; car tel homme peut, sans avoir de grandes connaissances en géométrie, présenter sur l'arithmétique une bonne méthode, ou seulement des vues utiles ; et je pense que ce serait mal servir la chose publique que de ne pas en profiter. En conséquence, persuadé que tout bon citoyen doit à sa patrie le fruit de son travail, le résultat de ses connaissances, je ne crains pas d'exposer, au concours, mes *Élémens d'Arithmétique*, tels que je les avais conçus long-temps avant cette époque, et dont j'ai eu, par expérience, occasion de reconnaître la bonté ; mais avant d'entrer en matière, je crois devoir rendre compte de la manière dont j'ai entendu et cherché à remplir les intentions de la Convention.

(1) « Il m'a paru qu'en général on ne de-

____

(1) Tout ce qui est précédé de guillemets a été emprunté de Condorcet.

» vrait rien enseigner aux enfans, sans leur
» en avoir expliqué et fait sentir les motifs.
» Ce principe me semble très-essentiel dans
» l'instruction, mais je le crois surtout
» fort avantageux en arithmétique et en
» géométrie. Ainsi des élémens de ces
» sciences ne doivent pas seulement avoir
» pour but de mettre les enfans en état
» d'exécuter sûrement et facilement par la
» suite, les calculs dont ils peuvent avoir
» besoin, mais doivent encore leur tenir lieu
» d'élémens de logique, et servir à déve-
» lopper en eux la faculté d'analyser leurs
» idées, de suspendre ou fixer leur juge-
» ment, de raisonner avec justesse.

» Si l'on a pour but unique d'enseigner
» une science, la méthode, par laquelle on
» peut sans fatigue apprendre davantage en
» un tems égal, est sans contredit la meil-
» leure. Il importe peu de laisser des doutes
» sur la marche, ou sur quelque principe
» de la science, comme aussi de ne pas
» donner aux vérités, et à leurs preuves, le
» tems de faire une impression durable ;
» parce qu', en avançant dans la science, les
» incertitudes disparaissent, et les vérités se
» représentant sans cesse sous divers aspects,
» se gravent insensiblement, sans pouvoir
» être oubliées. *Allez en avant, la foi vous*
» *viendra*, répondait un Géomètre à un jeune
» homme qui lui témoignait des doutes sur
» la légitimité des hypothèses qui servent de
» base aux calculs de l'infini.

» Mais il n'en est pas de même, si l'on doit
» se borner aux premiers élémens, si surtout
l'enseignement

» l'enseignement d'une science a pour objet
» plus éloigné de former les facultés intellec-
» tuelles des élèves ; alors il n'est qu'une
» seule bonne méthode, celle de l'invention,
» c'est-à-dire celle qui ne présente les diverses
» opérations de la science, qu'après en avoir
» montré le besoin et les motifs, qu'après
» avoir donné à l'élève qu'on instruit, l'idée
» de les chercher, et presque le moyen de les
» trouver lui-même. Il faut y joindre le soin
» de le familiariser sans ennui, avec toutes
» les vérités, par des applications multipliées.

» Dans un enseignement public où l'ins-
» tituteur a beaucoup d'élèves, il faut un
» livre aux enfans ; c'est le seul moyen
» d'établir quelque égalité d'instruction entre
» ceux qui ont reçu de la nature des facultés
» différentes. Mais on doit, dans ce livre,
» éviter à-la-fois une trop grande rapidité
» et une trop grande lenteur.

» La rapidité trop grande a l'inconvé-
» nient, même avec une égale clarté, de
» ne pas permettre aux enfans d'avoir la
» conscience distincte des opérations qu'ils
» exécutent.

» Une trop grande lenteur ennuie ; elle
» fatigue la mémoire en ménageant trop
» l'intelligence ; car la force d'attention est
» aussi une des facultés qu'il faut tâcher
» d'accroître par l'exercice.

» On demandera peut-être à quel signe
» un instituteur, dans une école publique,
» surtout nombreuse, pourra reconnaître
» qu'il s'est arrêté suffisamment sur un objet.
» Je pense qu'il doit se contenter d'être bien

» suivi par plus de la moitié des élèves. On
» risquerait de trop borner l'instruction, et
» de la rendre trop lente, si on s'arrêtait
» davantage. D'ailleurs, si l'instituteur est
» attentif, il connaîtra bientôt ceux des
» élèves qui restent en arrière; et comme,
» dans l'enseignement ultérieur, on revient
» souvent sur ce qui a été vu, rien ne lui
» sera plus facile que d'exercer particulière-
» ment les élèves les plus faibles, sur les
» questions qui rappellent les leçons anté-
» rieures », de leur faire fréquemment appliquer les principes aux exemples, et proposer des exemples sur les principes. En
même-tems, pour fortifier les plus avancés,
captiver leur attention, et exciter ou entretenir, parmi tous, une émulation salutaire; il pourra charger les plus instruits
de relever les erreurs des autres, dans
leurs réponses aux questions qu'il fera. Je
conseillerais même de faire faire des questions par ceux-ci, si je ne craignais qu'ils
en prissent de l'orgueil, de la pédanterie,
et ne devinssent par-là des objets d'envie
et de haine pour leurs compagnons; deux
inconvéniens qu'on ne saurait mettre trop
de soin à éviter.

« Le texte de cet écrit renferme le livre
» qui doit être donné aux élèves (1).

» On y a joint des observations destinées
» aux instituteurs seuls. Elles ne doivent pas
» se trouver dans le livre des enfans; ils en

____

(1) On sent que ceci a rapport aux Élémens d'arithmétique.

» concluraient que leurs maîtres sont des
» machines mues par des ressorts étrangers. »

La Convention a exigé des *instructions
sur le rapport des nouvelles mesures avec
les anciennes*, et il est aisé de voir quel a
été son but dans cette injonction. Je suis
sans contredit bien éloigné de vouloir le
blâmer, mais comme je ne me suis pas sou-
mis à cette condition, je dois rendre compte
de mes motifs, et je vais en conséquence me
permettre quelques réflexions à cet égard.

Il me paraît que les instructions demandées
sur cet objet seraient au moins inutiles pour
l'enseignement, et ne serviraient de plus qu'à
retarder le succès de la salutaire institution
des nouvelles mesures. En effet, l'objet de
cette institution a été d'introduire, dans cette
partie, et pour toute la république, une uniformité constante et invariable, en abolissant
cette diversité si incommode pour le commerce, surtout si favorable à la mauvaise foi,
à la friponnerie. Mais quand on a détruit les
anciennes mesures, on n'a pas sans doute entendu qu'elles seraient en usage à l'avenir.
Pourquoi donc s'en occuper? pourquoi les
faire entrer encore dans un ouvrage d'instruction, puisque nous touchons à l'époque où
elles vont être bannies irrévocablement? Il me
semble que, bien loin d'en faire mention, on
devrait au contraire en anéantir, s'il était
possible, le souvenir; car je ne vois pas quel
avantage peuvent retirer les enfans de connaître des objets dont ils n'auront jamais à
faire usage, et de savoir le rapport qu'il peut y
avoir entre ces objets et ceux qui doivent leur

servir. Je pense qu'il n'y a pas, pour eux, plus de profit à apprendre le rapport des nouvelles mesures avec nos anciennes, que celui de ces mesures avec celles des peuples de l'antiquité, ou même des peuples d'aujourd'hui que nous ne connaissons pas. Il me paraît donc que ce serait fatiguer inutilement leur mémoire et leur intelligence, que d'exercer l'une et l'autre dans cette vue.

Si cet ouvrage n'était destiné uniquement aux enfans, je conçois et conviens qu'il eût pu être utile de traiter cette matière ; mais pour eux qui n'ont qu'à prendre de nouvelles connaissances, et non pas à en réformer d'anciennes, je crois qu'on ne ferait, par-là, que mettre de la confusion dans leurs idées, que retarder leurs progrès, en leur faisant perdre un tems précieux. D'ailleurs, un ouvrage élémentaire, destiné aux écoles, est présumé devoir servir pour l'avenir comme pour le présent. Or, lorsque nous aurons entièrement perdu l'usage des anciennes mesures, et que leurs noms même seront oubliés, à quoi bon les rappeler ?

Un autre motif plus digne encore de considération, c'est que l'établissement des nouvelles mesures est trop avantageux, pour qu'on ne doive pas prendre tous les moyens possibles d'en accélérer et universaliser l'effet. Or quel meilleur moyen que de ne donner connaissance que de celles-là, que de laisser ignorer les autres ? Les enfans seront certainement bien plus portés à faire usage de ce qu'ils connaîtront, qu'à rechercher ce qu'ils ignoreront. Je crois donc que, bien loin de faire entrer, dans aucun livre élémentaire, une instruction sur le rapport des nouvelles mesures avec les anciennes, on doit au contraire, obliger, ou au moins engager les instituteurs à ne jamais parler de celles-ci.

Au reste, s'il se trouve des élèves qui, pour acquérir de nouvelles connaissances, ou par curiosité, ou par un motif quelconque, soient desireux de s'instruire à cet égard, ils trouveront dans plusieurs autres ouvrages de quoi se satisfaire. Quant à moi, j'ai cru, d'après toutes ces considérations, devoir me dispenser de traiter le rapport demandé, et je me suis borné uniquement au nouveau système, c'est-à-dire à enseigner la nouvelle division et la nouvelle nomenclature des mesures et monnaies (1).

Mes Élémens sont divisés en trois parties:

La 1re. comprend la théorie de la numération et les quatres règles ordinaires sur les nombres entiers abstraits.

La 2e. comprend la théorie des fractions tant décimales que non-décimales, et le calcul décimal des nombres abstraits.

---

(1) Dans l'Ouvrage composé pour le concours, j'avais suivi la première nomenclature adoptée par la Convention Nationale ; mais, comme elle a été ensuite changée, au moins en partie, j'ai dû me conformer à ces changemens. En conséquence, je préviens que la division et la nomenclature, qu'on trouvera dans mes Élémens d'arithmétique, sont celles qui ont été décrétées le 18 germinal an III, sur le rapport de C. A. Prieur.

La 3º. comprend une instruction sur les nouvelles mesures et monnaies, et le calcul décimal des nombres concrets.

Je me suis permis quelques innovations, ou plutôt quelques changemens dans certains noms de nombre ; ils m'ont paru utiles, même importans, pour procurer aux enfans plus de facilité, à raison de l'analogie. Ces changemens consistent :

1º. A exclure dorénavant les mots ONZE, DOUZE, TREIZE, QUATORZE, QUINZE, SEIZE, et à les remplacer par ceux-ci : DIX-UN, DIX-DEUX, DIX-TROIS, DIX-QUATRE, DIX-CINQ, DIX-SIX (1).

Il est aisé de sentir l'avantage que procurera ce changement, en déchargeant la mémoire du soin de retenir six noms particuliers, qui ne servent dans aucune autre dixaine, et en rendant l'expression en noms semblable à à celle en chiffres. Il n'y a pas d'ailleurs plus d'inconvénient à dire *dix-un*, *dix-quatre*, *dix-six*, qu'à dire *dix-sept*, *dix-huit*, *dix-neuf*; et il n'y a pas plus de raison pour *quarante-quatre*, *trente-cinq*, *soixante-six*, que pour *dix-quatre*, *dix-cinq*, *dix-six*. Vainement m'objecterait-on qu'il est reçu de dire *onze cents*, *douze cents*, *treize mille*, *quatorze millions*, etc. ; ce n'est ici qu'une affaire d'usage, d'habitude, et je pense que cet usage doit être réformé. D'abord je ne vois pas

---

(1) C'est une des idées qu'on a prétendu que j'avais prises dans le manuscrit de CONDORCET ; mais comme je me fais une loi de rendre à chacun ce qui lui appartient, je déclare que je l'ai puisée dans les Élémens d'arithmétique de CAMUS.

qu'il y eut aucun désavantage à dire *dix et un cents*, *dix-deux cents*, etc., au lieu de *onze cents*, *douze cents*, etc.; mais j'ai cru devoir même supprimer ces expressions, pour m'en tenir à celles qui résultent des principes que j'ai établis. Ainsi nous dirons : *mille-cent*, *mille deux cents*, etc., comme nous disons *mille six cents*, *mille sept cents*, etc. Quant à *treize mille*, *quatorze millions*, etc., je ne trouve aucun inconvénient à leur substituer *dix-trois mille*, *dix-quatre millions*, etc.; et les enfans y en trouveront encore moins, quand ils ignoreront les autres manières de s'exprimer.

2°. A changer le mot VINGT en celui de DUANTE, pour que ce nom ait quelque rapport avec le mot DEUX, puisqu'il doit exprimer *deux* DIXAINES, et pour que la terminaison du mot soit la même que celle des autres dixaines.

J'aurais desiré, par la même raison, remplacer le mot DIX par UNANTE; mais j'y ai vu un grand inconvénient par rapport à l'étimologie des mots DIXAINE, DIXIÈME, DÉCIMALE, DÉCUPLE, etc.; aussi quoiqu'il ne fût pas difficile, au moyen d'une courte explication, d'adopter l'un, sans rien changer aux autres, j'ai cru devoir ne rien innover à cet égard.

3°. A écrire désormais TRANTE au lieu de TRENTE.

4°. A dire et à écrire SIXANTE au lieu de SOIXANTE.

5°. A bannir les mots SOIXANTE-DIX, QUATRE-VINGT, QUATRE-VINGT-DIX, pour ne laisser subsister que SEPTANTE, HUITANTE (non OCTANTE), et NONANTE.

J'ignore quels sont les motifs qui ont fait préférer, dans le discours, les premiers noms aux derniers, et quelle est l'élégance qu'on y attache ; mais ce qu'il est essentiel de remarquer, et qui m'a été confirmé par l'expérience, c'est que la première manière est fort embarrassante pour les enfans qu'on veut instruire par principes. En effet ils apprennent bientôt, même les plus bornés, à appliquer le mot TRANTE à *trois* DIXAINES ; les mots CINQUANTE, SEPTANTE, HUITANTE, NONANTE, à *cinq*, à *sept*, à *huit*, à *neuf* DIXAINES ; mais quand il s'agit d'appliquer les mots SOIXANTE-DIX, QUATRE-VINGT, QUATRE-VINGT-DIX, et surtout les noms analogues des nombres intermédiaires, ils s'embrouillent très-facilement, et tombent long-tems dans des équivoques. D'ailleurs ces mots n'ont aucune analogie avec les noms des autres dixaines, et s'écarteraient par conséquent des principes que j'ai établis. Au surplus si l'on veut continuer d'admettre ces dénominations, il sera très-aisé de les leur apprendre par la suite, quand ils connaîtront bien les autres, et seront en état de faire des applications justes.

6°. Enfin à substituer DILLION à BILLION ou MILLIARD pour exprimer *mille millions*. Je n'ai pas sans doute besoin de faire observer que c'est toujours par raison d'analogie.

J'ai divisé mes Élémens par leçons, et j'ai, surtout dans les premières, fort limité l'instruction de chacune. Mon but étant de cul-

tiver moins la mémoire que l'intelligence,
j'ai dû éviter de trop charger celle-ci dans
les commencemens. D'ailleurs les premières
leçons, dans ma méthode, exigeront de la
part des instituteurs une multiplicité de détails, d'explications, de raisonnemens ; et jamais l'entendement tout neuf des enfans ne
pourrait suffire, si on leur présentait plusieurs
objets à la fois.

C'est par la même raison que j'ai cru ne
devoir pas faire marcher de front la manière
d'exprimer un nombre dans le discours, et
celle de l'exprimer en chiffres, quoiqu'elles
pussent fort bien aller ensemble. J'ai craint
que l'idée des chiffres n'embrouillât l'esprit
des enfans, et ne vint traverser la compréhen-
sion des développemens qui font une partie
essentielle des premières leçons, surtout de
la seconde. J'ai voulu en même-tems qu'ils
prissent une idée claire et distincte de tout
ce qui appartient à chacun de ces objets,
et qu'ils pussent classer l'un et l'autre sans
confusion.

Je ne doute pas qu'il n'y ait des méthodes
plus expéditives dans les commencemens, et
où les élèves pourront paraître faire des pas
de géant en comparaison ; mais je crois pouvoir assurer que ce succès ne sera que mo-
mentané, et que ceux instruits par la mienne
auront bientôt, toutes choses égales, atteint,
peut-être devancé les autres. De plus, et
outre l'avantage inappréciable d'être convain-
cus de la vérité de leurs assertions, de pouvoir à chaque instant en fournir la preuve,

même en donner la démonstration, ils auront celui non-moins important, de s'être formé le jugement, d'avoir appris à raisonner juste, et d'avoir fait, sans s'en douter, quelques pas dans la logique.

LES INSTITUTEURS ne doivent pas s'attendre, et ne s'attendent pas sans doute à trouver, dans la partie qui leur est destinée, toutes les propositions ou explications qui pourront et devront être présentées aux élèves. On sent que cela n'était pas possible dans un ouvrage aussi borné ; car, pour les enfans, tout doit être éclairci ; tout jusqu'à un mot, pour ainsi dire, doit être expliqué. D'ailleurs il est une infinité de dévelopemens dont l'idée et le besoin naisssent d'une circonstance, d'une réponse ou d'une question faite par un élève, et qu'il m'était impossible de prévoir. Je me suis donc contenté d'indiquer ceux qui m'ont paru les plus importans, et je ne doute pas même qu'il ne m'en soit, parmi ceux-ci, échappé plusieurs ; mais je laisse à la sagacité des INSTITUTEURS à suppléer à ce que je puis avoir oublié, et à ce que je n'ai pas pu dire.

ILS devront, surtout, ne pas perdre de vue la MÉTHODE indiquée par CONDORCET celle de l'INVENTION ; c'est-à-dire qu'ils devront toujours, autant qu'il sera possible, amener les élèves à trouver eux-mêmes ce qu'on veut qu'ils sachent ; et pour cet effet, ménager adroitement les questions, les raisonnemens, afin de faire naître, dans l'esprit de l'enfant, l'idée qu'on veut lui donner.

On trouvera peut-être la manière, dont j'ai

traité mes Élémens, peu conséquente avec la méthode que je recommande ici, et avec le but que je me suis proposé, lequel est autant d'exercer les facultés intellectuelles des enfans, que de leur donner des connaissances en arithmétique ; je veux dire qu'on trouvera peut-être mes Élémens trop détaillés, et laissant trop peu de travail à l'intelligence. Je conviens en effet que, dans une éducation particulière, c'est-à-dire pour un petit nombre d'élèves, il serait peut-être avantageux qu'un livre élémentaire ne présentât que le sommaire, pour ainsi dire, de chaque objet ; et qu'on appliquât, dans presque toute la force du terme, la MÉTHODE DE L'INVENTION ; parce que l'INSTITUTEUR pourrait employer, auprès de chaque élève en particulier, le tems nécessaire pour la mettre en pratique, pour disposer par ses raisonnemens, par ses questions, l'esprit de l'enfant, et l'amener insensiblement à tirer une conséquence, à trouver la solution d'un problême, à sentir la vérité d'une démonstration, à deviner le mécanisme d'une opération, si je puis m'exprimer ainsi. Mais on doit sentir que, dans une école primaire, cette méthode serait impraticable, vu le nombre des élèves, vu leur bas âge et par conséquent la faiblesse de leur intelligence, vu même que peu d'instituteurs de ces écoles, surtout dans les campagnes, sauraient la pratiquer convenablement.

LES INSTITUTEURS devront aussi s'attacher à faire prendre aux enfans, des idées nettes et précises sur chaque objet ; à expliquer avec soin, dans chaque leçon, tout ce qui ne sera pas de nature à être facilement compris, sur-

tout le sens de chaque mot nouveau pour eux ;
à leur faire souvent, pour exercer à-la-fois la
mémoire et le jugement, faire des applications des divers principes dont ils devront
avoir connaissance ; et à exiger, pour s'assurer s'ils ont bien saisi un principe ou une
explication, qu'ils les justifient par des
exemples ; à ne laisser jamais passer un raisonnement faux, ou une conséquence mal
tirée, mais à en proposer eux-mêmes de tels ;
on sent bien dans quelle vue. Je les invite
en outre à ne pas craindre de multiplier les
questions, même pour les choses les plus
simples, tant pour captiver l'attention des
élèves, que pour leur faire contracter, sans
qu'ils s'en apperçoivent, l'habitude d'analyser
leurs idées, et d'opérer avec méthode. Je crois
au reste superflu d'avertir les INSTITUTEURS
qu'ils doivent toujours se mettre à la portée
des enfans ; c'est-à-dire proportionner le langage, les explications au degré de leur intelligence, et ne pas négliger d'entrer dans
des détails souvent minutieux, mais toujours
importans quand ils sont utiles.

Quoique mes Élémens soient divisés par
leçons, et que j'aye cherché, autant du moins
que les matières ont pu me le permettre, à
rendre les leçons à peu près égales, je n'ai pas
prétendu pour cela que l'instruction de chacune dût faire l'objet d'une seule séance ; car
il en est beaucoup qui en exigeront peut-être
plusieurs, à raison des explications, des développemens nécessaires, et surtout quand il
y aura des opérations à faire ; mais les INS-
TITUTEURS devront, règle générale, éviter,

selon la recommandation de CONDORCET, les deux excès opposés : la trop grande rapidité et la trop grande lenteur.

Quant à la manière dont les enfans devront apprendre, les INSTITUTEURS choisiront celle qui leur paraîtra la plus prompte et la plus sûre ; mais voici quelle est mon opinion.

Je ne crois pas qu'on doive obliger les élèves à apprendre par coeur le texte des Élémens, bien moins encore à répéter machinalement, à réciter mot à mot ce qu'ils ont appris. Cette méthode ne ferait qu'exercer la mémoire, sans rien donner à l'intelligence, et prendrait d'ailleurs trop de tems dans une école nombreuse. Je pense que l'instituteur remplira mieux et plus facilement son objet, en lisant d'abord lui-même aux élèves la leçon ou la partie de leçon qu'il veut leur enseigner, et en faisant, à mesure, les observations nécessaires ; puis en faisant relire plusieurs fois la même chose par différens élèves, et en interrogeant tantôt l'un tantôt l'autre sur les explications qu'il aura données. On voit que cette manière devient à-la-fois leçon de lecture et leçon d'arithmétique, et il pourra lui ajouter, comme leçon d'écriture, de faire copier ce qu'il aura jugé n'être pas facilement saisi.

Enfin, pour dernier avis, j'invite les INSTITUTEURS à considérer que, comme il y a, dans la partie qui leur est destinée, des observations particulières pour chaque leçon, et pour tel ou tel objet dans la même leçon, il est important qu'ils en prennent connaissance d'avance, pour pouvoir les appliquer à mesure qu'elles se présenteront, et sans avoir besoin de recourir au livre, en présence des élèves. Le but de cette précaution est assez évident : il ne faut négliger aucun des moyens qui peuvent faire naître ou entretenir, dans les écoliers, la confiance qu'ils doivent avoir dans les lumières de leurs maîtres.

ERRATA.

Page xj, de l'avertissement, lignes 9 et 10 : *rar tant*, *lisez* rare autant.

Page xx, 1re. ligne de la note : peut-être, dirigeaient, *lisez* peut-être dirigeaient.

Page 3, ligne 20 : parce que un, *lisez* parce qu'un.

Ibid., ligne 22 : d'un plus un, plus un, *lisez* d'un plus un plus un.

Page 4, ligne 15 : huit, neuf ?..... neuf ?....., *lisez* huit, neuf ?....

Page 11, lignes 20 et 21 : tant sur la valeur, que sur le nom particulier à chaque dixaine, *lisez* tant sur la valeur que sur le nom particuliers à chaque dixaine.

Page 12, ligne 2 : *pourquoi dites nous*, lisez *pourquoi dites-vous.*

Page 13, ligne 3 : que, en, *lisez* qu',en.

Ibid. ligne 16 : que, entre, *lisez* qu',entre.

Ibid., ligne 18 : et que, en, *lisez* et qu',en.

Page 16, ligne 24 : que, ici, *lisez* qu',ici.

Page 18, ligne 21 : savoir nomme, *lisez* savoir nommer.

Page 22, ligne 26 : aussi que, à, *lisez* aussi qu',à.

Page 42, ligne 27 : puisque on, *lisez* puisqu'on.

Page 43, ligne 12 : que, en ôtant 3, *lisez* qu',en ôtant 3.

Ibid. ligne 13 : et que, en ôtant 6, *lisez* et qu'en en ôtant 6.

Page 58, ligne 12 : un nombre de chiffre suffisant, *lisez* un nombre de chiffres suffisant.

Page 62, ligne 17 : même es, *lisez* même les.

Page 127, ligne 5 : enfin dans la 3.ᵉ, *lisez* enfin dans le 3ᵉ.

Page 137, ligne 19 : XLVIᵉ. *Leçon,* lisez XLIVᵉ. *Leçon.*

Page 156, ligne 2 : FRATIONS DE FRACTIONS, *lisez* FRACTIONS DE FRACTIONS.

Page 167, ligne 2 : *page 145,* lisez *page 245.*

Page 170, ligne 15 : DÉCA et DECI , *lisez* DÉCA et DÉCI.

OBSERVATIONS

OBSERVATIONS
POUR
LES INSTITUTEURS.

PREMIÈRE PARTIE.

Première Leçon.

L'instituteur aura soin, dans cette leçon, d'expliquer aux élèves comment l'idée du NOMBRE, née de la perception de plusieurs choses semblables, s'applique à des choses non-semblables. Il leur dira donc que, dans l'un et l'autre cas, on attribue, à ces choses, une qualité semblable, et qu'on ne les considère que par rapport à cette qualité.

Ainsi quand on dit : *un homme et un homme*, ou *un homme plus un homme*, *sont deux hommes*, ce n'est pas sous la qualité d'hommes qu'on les considère, mais sous la qualité numérique, c'est-à-dire, comme formant le nombre deux. Aussi on peut dire également : *un homme et un homme*, ou *un homme plus un homme* sont deux *choses*, deux *objets*, deux *corps*, ou bien plus simplement, sont deux.

Par la même raison on pourra dire : *un*

A

homme et un oiseau sont DEUX *; un arbre et une maison sont* DEUX *; une pomme et une pierre sont* DEUX *;* mais c'est tout comme si l'on disait simplement : *un et un sont* DEUX.

IL fera donc bien sentir qu'il ne faut considérer ces objets que sous le rapport d'UN et UN, de DEUX, et non point comme *hommes, oiseaux, arbres, maisons, pommes, pierres.*

IL fera voir ensuite comment l'idée d'UN, de DEUX s'étend et se généralise de plus en plus, en ne faisant point attention aux qualités semblables ou dissemblables des objets, mais seulement au NOMBRE, considéré seul, et indépendamment de ces qualités. IL leur apprendra que c'est ce qu'on appelle FAIRE ABSTRACTION ; que les idées ainsi formées s'appellent IDÉES ABSTRAITES; et que les nombres ainsi considérés sont appelés NOMBRES ABSTRAITS.

IL tâchera de leur faire concevoir le sens de ces mots ABSTRAIT, ABSTRACTION, en en faisant l'application à quelques objets qu'ils auront sous les yeux; à un LIVRE, *par ex,* dont il pourra leur faire considérer en particulier, soit la FORME, soit la COULEUR, soit le POIDS, etc., en les avertissant que chacune de ces qualités, considérée ainsi séparément, est une QUALITÉ ABSTRAITE.

Il leur expliquera ce qu'on entend par LIGNE, SURFACE, SOLIDE, et comment l'un ou l'autre est déterminé par le nombre des dimensions qu'il contient.

I I^e.　L E Ç O N.

L'INSTITUTEUR apprendra aux ÉLÈVES ce qu'on entend par CHOSE SIMPLE, CHOSE COMPOSÉE, pour faire bien comprendre le sens du mot ÉLÉMENT, et faire voir comment l'UNITÉ est l'élément des nombres.

Il les exercera sur la composition et décomposition des neuf premiers nombres, c'est-à-dire sur les nombres moindres qui entrent dans la composition d'un plus grand. Ainsi il fera remarquer qu'UN et UN forment le nombre DEUX, et que par conséquent DEUX est composé d'UN et UN, de *deux fois* UN; que DEUX est plus grand d'*une unité* qu'UN, puisqu'il a *une unité* de plus; mais aussi parce que UN le précède immédiatement.

TROIS est composé d'UN ajouté à DEUX ou de DEUX ajouté à UN, d'UN plus UN, plus UN, de *trois fois* UN. Donc UN et UN et puis encore UN, ou bien DEUX et UN, UN et DEUX forment le même nombre qui est TROIS. Donc TROIS est plus grand d'*une unité* que DEUX, et conséquemment plus grand qu'UN de *deux unités*.

On peut former le nombre QUATRE, en

ajoutant UN à TROIS, ou TROIS à UN ; en ajoutant DEUX à DEUX ; en ajoutant, à DEUX, UN plus UN ; en ajoutant, à UN, DEUX plus UN ; en ajoutant, à UN, UN plus UN plus UN ; en répétant UN *trois fois* ; en prenant UN *quatre fois*. Donc etc.

Quels sont les nombres qui entrent dans la composition du nombre CINQ ?..... de combien de manières ce nombre peut-il être formé ?...... de combien d'unités est-il plus grand que DEUX, qu'UN, que TROIS, etc. ?.... De combien d'unités est-il moindre que SEPT, que NEUF, que SIX, etc. ?.... avec quel autre nombre, ou quels autres nombres peut-il former HUIT, NEUF ?....... NEUF ?...... Pourquoi TROIS et DEUX forment-ils CINQ, et pourquoi ne peuvent-ils former un autre nombre ?.... etc., etc.

Mon but, ici, n'est pas seulement d'apprendre aux enfans les différentes compositions des nombres, et de les familiariser avec la numération ; mais de leur former le jugement, en leur apprenant à suivre la marche de leur intelligence, et de les accoutumer insensiblement à raisonner juste. Or, pour l'atteindre ce but, il faut que l'INSTITUTEUR soit de la plus grande vigilance pour relever les erreurs, et pour ne laisser passer aucune fausse application. Il faut qu'il fasse, sur ces exemples et autres semblables, faire et observer des raisonnemens, même une suite de raisonnemens : Sur *la différence de valeur des nombres ; sur le rapport qu'ont entre eux les nombres moindres qui entrent dans la composition d'un plus grand, et sur le rapport particulier de chacun d'eux avec ce plus grand ; sur l'identité de résultat que donnent ceux qui par leur addition, produisent la même somme, quoiqu'ils soient de valeur différente, comparés entre eux ; sur la* CONSÉQUENCE *d'une ou plusieurs propositions*, c'est-à-dire sur ce qui résulte nécessairement d'une ou plusieurs propositions *reconnues vraies ;* etc., etc.

Il leur apprendra que TIRER UNE CONSÉQUENCE, c'est *conclure une proposition d'une autre*, c'est-à-dire reconnaître que la seconde est une suite nécessaire de la première ; c'est reconnaître que la seconde ne peut manquer d'être vraie, si la première l'est. Il en est de même de la CONSÉQUENCE de deux ou plusieurs propositions.

Il leur apprendra aussi que, pour exprimer une CONSÉQUENCE, on se sert du mot DONC ; et qu'on appelle un RAISONNEMENT la réunion d'une ou plusieurs propositions, regardées comme vraies, avec celle qui en est conclue.

Prenons pour exemple le nombre SIX :

SIX est formé du nombre CINQ, qui le précède immédiatement, et auquel on a ajouté UN ; SIX est donc plus grand que CINQ, puisqu'il en est formé ; et puisqu'il faut ajouter UN à CINQ pour faire SIX.

UN ajouté à CINQ forme SIX ; donc SIX est plus grand, d'*une unité*, que CINQ ; donc SIX est plus grand, qu'UN, de *cinq unités*.

QUATRE et UN sont CINQ, CINQ et UN sont SIX ; donc QUATRE et DEUX sont SIX ; donc SIX est plus grand, de *deux unités*, que QUATRE.

SIX et UN sont SEPT ; donc SIX est moindre que SEPT. SIX est moindre que SEPT, d'*une unité*, puisqu'avec UN il forme SEPT, etc.

UN répété *cinq fois* ; DEUX ajouté à QUATRE ou QUATRE ajouté à DEUX ; TROIS ajouté à TROIS, ou TROIS pris *deux fois* ; CINQ ajouté à UN, ou UN ajouté à CINQ ; UN ajouté à DEUX et TROIS, ou TROIS ajouté à DEUX et UN, ou DEUX ajouté à TROIS et UN ; DEUX plus DEUX plus DEUX, ou DEUX pris *trois fois* produisent la même somme, le même nombre qui est SIX. Donc SIX est composé de *six* UNITÉS ou *six fois* UN ; d'UN répété *cinq fois* ; de QUATRE et DEUX ; de TROIS et TROIS ; de CINQ et UN ; d'UN,

DEUX et TROIS; de DEUX plus DEUX plus DEUX. Donc ces différens nombres ont, dans le résultat de leur addition partielle, la même valeur que SIX ; donc ils ont tous, par cette addition, la même valeur, quoique UN, DEUX, TROIS, QUATRE, CINQ, SIX soient tous de valeur différente, si on les compare un à un; etc., etc.

IL fera remarquer aux élèves le sens du mot RÉPÉTÉ, et la différence de signification de ce mot, avec celle du mot PRIS. *Un* RÉPÉTÉ *deux fois* exprime la même chose que TROIS ; au lieu que *un* PRIS *deux fois* n'exprime que DEUX. Je crois devoir faire cette observation, parce qu'il arrive très-souvent qu'on emploie le mot RÉPÉTER dans la même acception que le mot PRENDRE, mais surtout pour que les enfans prennent de bonne heure des idées précises sur chaque objet, ainsi que sur le sens propre de chaque mot.

Du reste, on n'exigera pas, sans doute, que je passe en revue toutes les explications qui peuvent être données, toutes les questions qui peuvent être faites; il doit me suffire, je crois, d'avoir indiqué la manière. C'est à l'INSTITUTEUR à faire le reste; mais je pense que, pour les premières instructions sur les nombres, surtout pour leurs différens rapports

respectifs, pour les compositions et décompositions, il doit faire faire ces premières opérations avec des jetons, des pièces de monnaie, des pois, de petites pierres ou autres
objets pareils, mélangés ou non mélangés,
en avertissant toujours les élèves de s'attacher uniquement à la QUALITÉ NUMÉRIQUE,
abstraction faite de toutes les autres, soit
semblables, soit différentes. J'entends d'ailleurs que ces objets devront être bannis,
aussitôt que les enfans connaîtront les chiffres ; mais je crois très-utile de leur faire
prendre de ces compositions et décompositions une idée juste, une connaissance bien
distincte. Je desirerais même qu'ils fussent
souvent exercés de cette manière, à mesure
qu'ils avanceront ; c'est-à-dire sur d'autres
nombres, à mesure qu'ils les connaîtront.

Au surplus, s'il arrive, quant à présent,
qu'ils demandent le nom d'un nombre formé
par la somme de plusieurs nombres moindres, lorsque cette somme surpassera NEUF,
l'INSTITUTEUR se contentera de leur montrer que
ce nombre est plus grand que NEUF, en leur
ajoutant qu'ils apprendront incessamment
à le nommer ; et je prends de là occasion
de lui recommander d'éviter, dans toutes
les leçons, d'anticiper sur les leçons

subséquentes, tant pour tenir en haleine la curiosité des enfans, que pour qu'ils puissent se pénétrer davantage de l'instruction particulière à chaque leçon.

IIIe. LEÇON.

L'INSTITUTEUR tâchera de faire comprendre comment une QUANTITÉ, comment un NOMBRE peut être augmenté ou diminué, selon qu'on lui ajoute ou qu'on en retranche, soit une unité seulement, soit plusieurs unités, soit un ou plusieurs nombres. Il rappellera qu'un nombre ne peut être composé que de nombres moindres, et en fera conclure que, pour diminuer une quantité, il faut en ôter une quantité moindre; mais que, pour augmenter une quantité ou un nombre, l'on peut ajouter d'autres nombres, soit moindres, soit égaux, soit plus grands, parce que le nouveau nombre, qui en résulte, est toujours plus grand que chacun de ceux dont on l'a composé, et est égal à eux tous pris en masse.

Il rappelera aussi que l'UNITÉ est l'élément des nombres, et fera voir que, quels que soient ceux dont on compose un plus grand, celui-ci n'en est pas moins, en dernière analyse, composé, ainsi que tous les autres, simplement d'UNITÉS. D'où il résulte qu'*une* UNITÉ de plus ou de moins constitue une QUANTITÉ différente, un autre NOMBRE, et que par conséquent *une unité ajoutée à un nombre quelconque produit un nombre nouveau*; qu'ainsi, en ajoutant toujours *une* UNITÉ au nombre dernier nommé, l'on formerait successivement tous les nombres possibles.

IL tâchera de faire concevoir ce qu'on entend par l'INFINI.

IL fera observer, sur le nombre DIX, que, quoique ce nombre paraisse ne différer, des neuf autres, que par sa valeur plus grande, puisque comme eux il prend un nom différent, et que comme eux il est formé par l'addition d'*une unité* au nombre qui le précède immédiatement, il mérite cependant une attention plus particulière : D'abord, parcequ'il constitue la *première* DIXAINE; ensuite par deux autres raisons qu'il se contentera pour le moment d'indiquer : l'une, que le mot DIX, qui exprime ce nombre, sert à nommer tous les nombres intermédiaires entre la *première* et la *seconde* DIXAINES; l'autre, que le nombre DIX est celui sur lequel principalement est fondé le systême de numération.

Il démontrera l'identité que présentent ces expressions : *une* UNITÉ DE DIXAINES, *une* DIXAINE D'UNITÉS, *dix fois* UN, PREMIÈRE DIXAINE, etc.

IVe. LEÇON.

L'INSTITUTEUR fera observer la relation du nombre ordinal d'une dixaine avec le nombre de dixaines exprimé par le nom propre de cette même dixaine, et avec le nombre d'unités auquel répond le nom de cette dixaine. Ainsi il fera voir que la *troisième* DIXAINE, *par.ex*, est exprimée par le mot TRANTE, qui répond à TROIS, et exprime par conséquent TROIS DIXAINES D'UNITÉS. D'où il résulte que TRANTE, OU TROISIÈME DIXAINE, OU TROIS DIXAINES, OU TROIS UNITÉS DE DIXAINES, OU TROIS DIXAINES D'UNITÉS expriment la même valeur, c'est-à-dire *trois fois* DIX UNITÉS.

Il exercera les élèves, tant sur la valeur, que sur le nom particulier à chaque dixaine, et pourra en conséquence leur faire des questions dans le genre de celles-ci : *comment s'appelle la* QUATRIÈME DIXAINE?..... *à quel nombre répond le mot* DUANTE?.... *comment forme-t-on le nom qui exprime* SIX DIXAI-

NES?..... *combien de dixaines exprime* NO-
NANTE? *pourquoi dites-nous que* CINQUANTE
exprime cinq dixaines?..... etc., etc.

IL leur fera remarquer qu'il y a le même
rapport, la même raison, entre une dixaine
et une autre quelconque, qu'entre les deux
nombres d'unités auxquels répondent les noms
de ces deux dixaines; et démontrera qu'il ne
peut en être autrement, puisque ce sont toujours les mêmes nombres d'unités, et que
toute la différence consiste en ce que les unes
sont des UNITÉS DE DIXAINES, et les autres,
des UNITÉS SIMPLES.

IL aura soin de leur expliquer ce qu'on entend ici par ces mots RAISON, RAPPORT, savoir :
*la relation de deux nombres l'un avec
l'autre*, c'est-à-dire la valeur de l'un par rapport à celle de l'autre; et il leur apprendra
que, lorsqu'on veut comparer le rapport de
deux nombres, de deux quantités, avec celui
de deux autres, on s'exprime d'une manière
semblable à celle-ci : TRANTE *est à* QUARANTE,
comme TROIS *est à* QUATRE..... NONANTE *est à*
DIX, *comme* NEUF *est à* UN. Ce qui signifie
qu'il y a le même rapport, la même relation,
la même raison entre TRANTE et QUARANTE,
qu'entre TROIS et QUATRE; entre NONANTE et
DIX, qu'entre NEUF et UN.

De ce que le rapport des DIXAINES, entr'elles, est le même que celui des UNITÉS, entr'elles, il fera conclure que, en ajoutant à une dixaine quelconque, soit la 1ere, soit la 2e, soit la 3e, etc., une dixaine seulement, une unité de dixaines, DIX, on doit obtenir la dixaine qui suit immédiatement; car, en ajoutant UN, ou *une* UNITÉ à un nombre quelconque, on a le nombre qui suit immédiatement. Si UN ajouté à TROIS donne QUATRE, DIX ou *une unité* de DIXAINES ajouté à TRANTE doit donner QUARANTE; DIX ajouté à SIXANTE doit donner SEPTANTE; NONANTE et DIX doivent faire CENT.

IL montrera comment il résulte, de là, que, entre une dixaine et la dixaine suivante, il ne peut y avoir que *neuf* nombres intermédiaires; et que, en ajoutant DIX à un nombre quelconque, on tombe nécessairement sur le même nombre d'unités dans la dixaine suivante. Ainsi DIX ajouté à QUATRE donne DIX-QUATRE; DIX ajouté à DUANTE-DEUX donne TRANTE-DEUX; SEPTANTE-HUIT et DIX donnent HUITANTE-HUIT; etc.

IL fera voir aussi comment il en résulte que chaque dixaine, considérée en particulier, est égale à une autre dixaine, relativement à celle qui précède et à celle qui suit;

c'est-à-dire que chaque dixaine est moindre, de *dix* UNITÉS, que celle qui la suit immé-diatement, et plus grande, d'autant, que celle qui la précède immédiatement. TRANTE est à QUARANTE et DUANTE, comme HUITANTE est à NONANTE et SEPTANTE.

IL fera observer de plus que, par la même raison, la composition et la décomposition des dixaines, comme DIXAINES, comme UNITÉS DE DIXAINES, est en tout semblable à celles des UNITÉS; et il exercera les élèves à en pratiquer des deux manières, c'est-à-dire en DIXAINES et en UNITÉS.

IL aura soin de les exercer aussi à nommer, soit les nombres intermédiaires entre une dixaine et une autre, tant dans l'ordre ascendant que dans l'ordre descendant, soit suc-cessivement tous les nombres depuis UN jus-qu'à CENT; tout comme à savoir déterminer le nom de chacun de ceux dont il leur pro-posera la valeur, ou la valeur de ceux dont il proposera le nom; c'est-à-dire à savoir ré-pondre avec précision à toutes les questions qu'il pourra faire à cet égard. Mais il devra veiller à ce qu'ils le fassent, non point par routine, mais par raisonnement, par appli-cation des principes. En conséquence il de-mandera toujours la raison d'une réponse quelconque, juste comme erronée, même dans les cas les plus simples.

V°. Leçon.

L'instituteur fera observer que le nombre cent contient le nombre dix autant de fois que celui-ci contient un; qu'ainsi *une* unité de centaines contient autant d'unités de dixaines qu'*une* unité de dixaines contient d'unités simples ; et que par conséquent cent *est à* dix, comme dix est à un, ou réciproquement.

Il fera remarquer aussi l'identité d'*une* unité de centaines et d'*une* centaine d'unités ou de cent, et l'uniformité qui existe entre tous les nombres relativement à l'élément dont ils sont composés, c'est-à-dire relativement à l'unité, quoiqu'on puisse les composer et décomposer par des nombres autres que le nombre un.

Il rappelera ce qu'il a dû indiquer dans une autre leçon, savoir : que *le système de numération est fondé principalement sur le nombre* dix, ou du moins sur une proportion qui a rapport à ce nombre; et fera voir qu'en effet il faut *dix fois* l'unité pour faire dix; *dix fois* dix pour faire cent ; et *dix fois* CENT pour faire MILLE. Il apprendra aux élèves que cette proportion est, par cette raison, appelée PROPORTION DÉCUPLE, et pourra, s'il le juge à propos, entrer dans quelques explications à cet égard ; mais il ne devra pas s'y arrêter long-tems, parce que ceci sera, dans une des leçons suivantes, le sujet d'une instruction particulière.

Je n'ai pas besoin de dire qu'il devra les exercer sur les nombres intermédiaires entre une centaine quelconque et la centaine suivante, ou la précédente, et entre CENT et MILLE ; car il est bien évident que cela est sous-entendu. Je lui recommanderai seulement de faire saisir la règle générale établie à la fin de cette leçon, et d'en faire faire l'application aux différens nombres qu'il fera nommer.

Si quelqu'un des élèves lui objectait que dans le nombre DEUX CENTS QUARANTE-SIX, *par ex*, on commence par le nombre DEUX qui est moindre que CENT, que QUARANTE, que SIX, il n'aura pas de peine à résoudre cette difficulté, et à faire concevoir que, ici, le mot DEUX fait partie du nombre DEUX CENTS, et sert seulement à désigner le nombre de CENTAINES qu'on veut exprimer ; qu'ainsi il appartient à l'espèce des CENTAINES, laquelle

étant

étant la plus grande doit être nommée la première.

VIe. LEÇON.

Les observations particulières à cette leçon étant analogues à celles des deux précédentes, L'INSTITUTEUR n'aura qu'à prendre celles-ci pour modèle du genre, soit des explications à donner, soit des questions à proposer, etc.

IL aura soin, dans celle-ci, comme dans toutes les autres, de développer tout ce qui lui paraîtra de nature à n'être pas compris facilement; et devra non-seulement donner tous les éclaircissemens qu'il jugera nécessaires, mais encore engager les élèves à lui en demander sur tout ce qu'ils ne conçoivent pas, même l'exiger d'eux.

IL leur fera remarquer qu'*une* UNITÉ DE MILLE est à l'égard d'*une* UNITÉ DE CENTAINES, comme celle-ci à l'égard d'*une* UNITÉ DE DIXAINES, comme *une* UNITÉ DE DIXAINES à l'égard d'*une* UNITÉ SIMPLE ; puisqu'en suivant l'ordre de grandeur c'est toujours le rapport de DIX à UN. D'où il fera conclure que MILLE est à DIX, comme CENT est à UN; c'est-à-dire, que MILLE ou *une* UNITÉ DE MILLE contient *cent* DIXAINES, comme CENT ou *une*

UNITÉ DE CENTAINES contient *cent* UNITÉS SIMPLES.

IL pourra faire observer encore que MILLE est par rapport au premier nombre qui exigera un nom nouveau, c'est-à-dire par rapport à UN MILLION, comme UN est par rapport à MILLE; car il faut autant d'UNITÉS DE MILLE pour faire UN MILLION qu'il faut d'UNITÉS SIMPLES pour faire MILLE.

VIIe. LEÇON.

Les observations relatives à cette leçon sont encore du même genre que celle des précédentes, auxquelles je me contente encore de renvoyer.

L'INSTITUTEUR aura soin de rappeler que tous les nombres, malgré les différentes compositions et décompositions auxquelles on peut les soumettre, sont toujours primitivement composés du même élément, c'est-à-dire de l'UNITÉ plus ou moins répétée.

Il fera voir comment, pour savoir nommer tous les nombres jusqu'à UN MILLION, ou un BILLION, ou un TRILLION, etc., il suffit de savoir les nommer tous depuis UN jusqu'à CENT; car on n'a qu'à recommencer de la même manière, en ayant seulement l'attention de tenir compte, soit des CENTAINES, soit des MILLE, soit des MILLIONS, etc.

IL fera remarquer que le rapport est le même entre *un* MILLE et *un* MILLION, entre *un* MILLION et *un* DILLION, entre *un* DILLION et *un* TRILLION, etc; et que, quoiqu'il ne suive pas immédiatement la PROPORTION DÉCUPLE qui existe entre UN et DIX, DIX et CENT, CENT et MILLE, il n'est pas moins une suite de celle-ci, et par conséquent déterminé par le nombre DIX, puisque c'est le rapport de DIX CENTS, et qu'*une* CENTAINE vaut *dix* DIXAINES.

Je me borne, comme l'on voit, à indiquer les points principaux sur lesquels les élèves doivent être exercés; car l'on sent qu'il en est beaucoup d'autres, dont le détail ne saurait entrer ici, et que je délègue à la sagacité de l'instituteur; mais je lui recommanderai expressément d'expliquer toujours les choses nouvelles, les mots inconnus, et de revenir sans cesse à l'application des principes. Je répète qu'il ne doit pas se contenter d'avoir obtenu une solution, une réponse juste, mais qu'il doit encore demander sur quoi, sur quel principe elle est fondée. Bien entendu qu'il ne s'en tiendra pas à un seul élève pour les diverses questions qu'il fera; mais en exercera plusieurs, et de préférence les moins avancés, les moins intelligens, en chargeant les autres de relever les erreurs, tant pour captiver leur attention, que pour exciter l'émulation.

VIIIe. LEÇON.

L'INSTITUTEUR pourra, d'après la forme des premières leçons, et qu'il retrouvera dans beaucoup d'autres, d'après l'explication donnée dans celle-ci sur le motif qui a fait imaginer les CHIFFRES, et d'après celle qui est relative à l'inconvénient qui aurait résulté d'avoir créé pour chaque nombre un caractère particulier; il pourra, dis-je, prendre une idée de la manière dont il doit, pour ce qui le regarde, pratiquer la MÉTHODE DE L'INVENTION; c'est-à-dire la manière dont il doit ménager ses raisonnemens, ses questions, pour faire deviner, en quelque sorte, aux élèves, soit une nouvelle connoissance qu'il veut leur donner, soit le motif qui a fait recourir à tel ou tel moyen.

Quant aux observations particulières à cette leçon, il n'aura qu'à exercer les élèves à écrire les chiffres, et à les savoir reconnaître, quand ils sont écrits.

Pour le premier objet, il pourra les faire

écrire successivement par ordre de valeur, soit en montant, soit en descendant, puis un à un pris arbitrairement ; mais il devra leur apprendre la meilleure manière de les former, et leur faire contracter de bonne heure l'habitude de les former d'une manière bien distinctive.

Pour le deuxième, il aura les chiffres écrits en gros caractères, chacun sur une feuille particulière, et les présentera alternativement selon sa volonté.

I X^e. Leçon.

L'INSTITUTEUR devra s'appliquer avec le plus grand soin à faire bien saisir tout ce qui a rapport à la PROPORTION DÉCUPLE, car cette connaissance est extrêmement importante. Il veillera surtout à ce que les élèves ne tombent pas dans une erreur assez ordinaire, qui consiste à attribuer au mot DÉCUPLE la signification de *dix fois plus*, tandis qu'il ne signifie que *dix fois autant*, comme il est facile de s'en convaincre par les applications et le raisonnnement. Il s'attachera donc à leur faire prendre une idée juste du sens de PROPORTION CONTINUE DÉCUPLE, et leur démontrera l'identité de résultat entre *dix fois au-*

tant ; *neuf fois plus*, *neuf fois moins*, en même-tems qu'il les exercera sur cette proportion.

Il fera bien comprendre tout ce qui est relatif aux RANGS, et leur apprendra que les *unités* du 1er. rang sont appelées UNITÉS SIMPLES, par comparaison à celles des autres rangs, dont chacune a sa dénomination particulière, exprimant de même l'espèce des unités, comme ils le verront bientôt, et comme ils le voient déjà par celles du second.

Il leur rappelera qu'*une* DIXAINE ou *une* UNITÉ DE DIXAINES ont la même valeur, et en fera conclure que le chiffre 1 doit valoir DIX, quand il est au *second* RANG, puisqu'alors il exprime *une* UNITÉ DE DIXAINES.

Il rappelera aussi ce qui a été dit, sur le ZÉRO, dans la leçon précédente ; il montrera que ce chiffre n'a d'autre fonction que de remplir chaque rang où l'on ne pourrait mettre aucun chiffre significatif, sans changer le nombre ; et qu'il n'a jamais par lui-même aucune valeur ; que par conséquent il n'est d'aucune utilité, tant qu'il est seul, ou qu'il n'est précédé d'aucun chiffre significatif ; mais aussi que, à raison de la PROPORTION DÉCUPLE, il augmente, dans cette proportion, tous les chiffres significatifs placés à sa gauche.

X°. Leçon.

L'INSTITUTEUR exercera les élèves à exprimer en chiffres tous les nombres, jusqu'à 99 inclusivement, et emploira, pour cet effet, la même manière que dans la IVe. leçon; mais il ne devra jamais, surtout dans les commencemens, perdre de vue l'application des principes; c'est-à-dire qu'il devra toujours exiger, à chaque nombre qu'il proposera, qu'avant de l'écrire l'élève se dise : *dans tel nombre il y a tant de* DIXAINES *et tant d'*UNITÉS, etc. Il pourra leur faire remarquer aussi, que la manière d'exprimer ces nombres en chiffres, est entièrement conforme à celle dont on les exprime dans le discours.

IL fera voir qu'il résulte de la démonstration donnée sur NONANTE-NEUF, comme étant le plus grand nombre qui puisse être exprimé par *deux* chiffres, que DIX est le moindre qui puisse être de même représenté par *deux* chiffres; parce que, dans un nombre quelconque exprimé en chiffres, le rang le plus à gauche doit toujours être occupé par un chiffre significatif, lequel ne peut être moindre que 1; et il fera conclure de là que le chiffre 1, suivi d'un ou plusieurs o, exprime toujours le plus petit nombre qui puisse être représenté par un nombre de chiffres donné.

XIe. Leçon.

La répétition si multipliée de ces expressions UNITÉS DE DIXAINES, UNITÉS DE CENTAINES doit suffisamment annoncer à l'instituteur combien il est important que les élèves en prennent une idée bien précise, pour qu'ils sachent bien qu'*une* UNITÉ DE CENTAINES, *par ex*, signifie *cent* UNITÉS SIMPLES, et non pas *cent* UNITÉS DE DIXAINES ou de CENTAINES. Il devra donc revenir souvent, ou toutes les fois que l'occasion s'en présente, à les faire expliquer à cet égard, à s'assurer s'ils s'entendent bien eux-mêmes.

- IL fera répéter, ou rappelera ce qui est dit, au commencement de la Ve. leçon, (*des élémens*), sur le nombre CENT, et sur sa valeur relativement à DIX ; et fera bien concevoir comment, d'après la PROPORTION DÉCUPLE, les UNITÉS du *troisième* rang doivent valoir *dix fois* autant que CELLES du *second*, et par conséquent *cent fois* autant que CELLES du *premier*.

IL aura soin de développer ce qui regarde les TRANCHES, et de le rendre sensible par des exemples.

Il les exercera, de la même manière que dans la leçon précédente, à exprimer en chiffres les nombres qui peuvent composer une tranche, mais toujours avec l'application des principes, jusqu'à ce qu'ils en soient bien pénétrés. Il devra ensuite les accoutumer insensiblement à écrire sur-le-champ le nombre demandé, sans être obligés de dire : *il y a tant de centaines, tant de dixaines*, etc., mais il ne négligera pas de les ramener de tems en tems à ces principes, toutes les fois entr'autres qu'ils feront erreur. Il devra au surplus les retenir à cette leçon, jusqu'à ce qu'ils sachent exprimer couramment tous les nombres qui peuvent entrer dans une tranche.

D'après ce qui est dit sur 99 et 999, il fera voir que le nombre le plus grand qui puisse être exprimé par un nombre de chiffres donné, est celui où chaque rang est rempli par le chiffre 9.

XII. Leçon.

L'instituteur fera répéter ce qui est dit au commencement de la VI. leçon (*des élémens*), sur le nombre mille, pour faire bien concevoir que, puisque mille ou *une* unité

DE MILLE est décuple de CENT ou d'*une*
UNITÉ DE CENTAINES, le *quatrième* rang doit
contenir des MILLE, si le *troisième* contient
des CENTS.

IL demandera pourquoi il faut autant de
chiffres ou de rangs, pour exprimer *une*
UNITÉ DE MILLE, que pour en exprimer *neuf*,
et pourquoi avec le même nombre de chiffres on ne peut en exprimer que *neuf*; afin
de s'assurer si les élèves ont bien saisi l'instruction sur le chiffre 9, comme exprimant le plus grand nombre qui puisse entrer
dans un rang.

IL les interrogera aussi par rapport aux
tranches, pour savoir s'ils ont bien compris
ce qui a été enseigné à cet égard, et s'ils ne
confondent pas les TRANCHES avec les RANGS,
comme il arrive souvent à ceux qui sont peu
attentifs.

IL fera remarquer que, de même que les
rangs ne diffèrent entr'eux que par l'espèce,
c'est-à-dire la valeur, de leurs unités, ainsi
les tranches ne diffèrent pareillement entr'elles
que par l'espèce des unités; car elles sont,
à tout autre égard, parfaitement semblables,
comme on le voit par le nombre des rangs,
et leur valeur respective; d'où il fera conclure que, dans deux tranches quelconques

comparées l'une à l'autre, il y a le même rapport entre les deux *premiers* rangs, qu'entre les deux *seconds*, et entre les deux *troisièmes*.

Relativement à 1,000, il s'assurera s'ils ont compris et retenu que le chiffre 1, suivi par des o seulement, exprime le plus petit nombre qui puisse être représenté par un nombre de chiffres déterminé.

Il fera bien comprendre que, de même que, dans les noms de nombre, chaque quantité a son nom particulier, et différent de celui des autres; ainsi, dans les chiffres, chaque nombre est exprimé d'une manière particulière qui la distingue de celle des autres nombres; d'où il résulte que chacun des nombres, qui peuvent entrer dans une tranche, n'a qu'une seule manière d'être exprimé; et que par conséquent le même nombre d'unités doit être représenté par les mêmes chiffres, dans quelque tranche que ce puisse être; qu'ainsi, pour savoir exprimer en chiffres un nombre quelconque, il suffit de savoir exprimer tous les nombres, depuis o jusqu'à 999 inclusivement, etc., etc.

XIIIe. LEÇON.

L'INSTITUTEUR fera voir comment, d'après la PROPORTION DÉCUPLE, et d'après le nombre des rangs de chaque tranche, si la 1re. tranche contient des UNITÉS SIMPLES, la 2e. doit contenir des UNITÉS DE MILLE; la 3e. des UNITÉS DE MILLIONS, etc.; mais il aura soin de faire observer que toutes les espèces d'unités, quoique distinguées l'une de l'autre, à raison du rang et de la tranche, ne sont pas moins toujours composées du même élément, c'est-à-dire de l'UNITÉ PROPREMENT DITE.

IL fera bien saisir le sens précis de cette dernière expression, ainsi que celui des mots ABSOLU et RELATIF, et développera ce qui est établi sur les VALEURS ABSOLUE et RELATIVE de chaque chiffre.

IL rappelera les diverses applications qu'on fait du mot UNITÉ aux espèces déterminées par les différens rangs, d'où naît la distinction des UNITÉS SIMPLES, des UNITÉS DE DIXAINES, UNITÉS DE CENTAINES, UNITÉS DE MILLE, UNITÉS DE DIXAINES DE MILLE, etc; mais il fera bien observer que quand on dit l'UNITÉ PROPREMENT DITE, ou simplement l'UNITÉ, *une* UNITÉ, l'on n'entend jamais qu'un ou *une fois* UN, c'est à dire l'UNITÉ considérée comme l'élément des nombres. Il fera remarquer aussi qu'*une* UNITÉ SIMPLE, exprime la même valeur que l'UNITÉ PROPREMENT DITE, et que cette dénomination n'est employée que pour désigner particulièrement l'espèce des unités de la 1re. tranche, et spécialement celles du 1er. rang de cette tranche.

Il exercera les élèves à exprimer en chiffres, ainsi qu'à énoncer différens nombres, en observant de les diversifier, quant au nombre des tranches, et quant aux rangs; c'est-à-dire quant aux chiffres, soit zéros, soit chiffres significatifs, qui occupent ou doivent occuper tel ou tel rang; mais je répète encore ici qu'il devra toujours exiger l'application des principes, jusqu'à ce que les enfans en soient bien pénétrés, et soient familiarisés avec eux au point de savoir, sans hésiter, rendre raison *pourquoi tel rang doit être occupé par tel chiffre significatif, tel autre par zéro; pourquoi telle tranche doit être énoncée de telle manière, et non pas de telle autre; etc., etc.*

XIVe Leçon.

Il est dit, dans la Ire. leçon, qu'un NOMBRE est *une quantité exprimée;* par conséquent chaque nombre exprime une quantité. Or il est évident que toute quantité peut être augmentée ou diminuée; donc tout nombre est susceptible d'augmentation ou de diminution.

Ce raisonnement est trop simple, trop clair pour exiger aucun développement. Aussi je n'ai d'autre but, en l'insérant ici, que de prendre occasion de rappeler à l'INSTITUTEUR qu'il doit en faire faire souvent de semblables, même dans les choses les plus évidentes, soit pour exercer le jugement des élèves, soit pour leur apprendre et les accoutumer à se rendre raison de tout, et par là produire insensiblement chez eux un esprit de méthode et d'analyse.

IL aura soin de faire bien comprendre ce qui constitue la différence qui existe entre les NOMBRES ENTIERS et les NOMBRES FRACTIONNAIRES, et pourra donner quelques notions sur ceux-ci; mais il ne devra s'y arrêter que le tems nécessaire, pour que les élèves prennent une juste idée de leur nature, vû qu'ils auront, par la suite, une connaissance plus particulière de ces nombres.

L'INSTITUTEUR n'oubliera pas qu'il doit toujours éclaircir tout ce qui fait l'objet de chaque leçon, pour que les élèves conçoivent toujours chaque partie de l'instruction.

IL fera sentir combien il est important de mettre exactement chaque rang dans sa colonne, pour que dans l'opération l'on n'additionne pas des UNITÉS avec des DIXAINES ou des CENTAINES, etc.

IL fera voir aussi que la LIGNE, qui sépare de la SOMME les nombres à additionner,

ne change rien à la disposition des rangs ;
qu'ainsi, dans la SOMME, les chiffres doivent
être placés dans le même ordre ; et que c'est
la raison pour laquelle on enjoint d'écrire les
UNITÉS dans la direction de la *première* colonne, les DIXAINES sous la *seconde*, etc.

X V^e. L E Ç O N.

L'INSTITUTEUR fera observer que, dans un
nombre composé, le dernier chiffre occupe
toujours le rang des UNITÉS, et doit exclusivement être écrit sous la colonne qui a été ad-
ditionnée, parce qu'il est le seul qui exprime
des unités de la même espèce que celles de
cette colonne. Il montrera qn'en effet, dans
l'addition d'une colonne d'UNITÉS DE CENTAINES,
par ex, le dernier chiffre de la SOMME exprime seul des UNITÉS DE CENTAINES, et qu'il
en est ainsi pour les autres.

IL apprendra aux élèves que cette dénomination de *dernier chiffre* donnée ici au chiffre du rang des UNITÉS, quoique ce rang soit
le *premier*, est relative à ce qu'il est écrit le
dernier, quand on exprime un nombre en
chiffres, et prononcé le dernier, dans un
nombre qu'on énonce, parce qu'alors on va
de gauche à droite. Et à ce sujet il les pré-

viendra que, par la suite, il pourra souvent être question de 1er., 2e., 3e., etc., rang, ou colonne, ou chiffre, soit à gauche, soit à droite, et leur recommandera, pour ne pas confondre, de faire bien attention, dans tous les cas, si l'on entend aller de gauche à droite, ou de droite à gauche.

Il fera remarquer que, dans les nombres à additionner, chaque espèce d'unités a sa colonne particulière; et que, comme on opère sur chaque colonne l'une après l'autre, chacune doit produire un résultat particulier, lequel doit nécessairement être représenté dans la SOMME; qu'ainsi, dans la SOMME, chaque espèce doit occuper le même rang que dans ces nombres; d'où résulte l'obligation, lorsque le nombre produit par l'addition des chiffres d'une colonne est composé, de n'écrire au-dessous que le chiffre des UNITÉS de ce nombre, parce que l'autre ou les autres expriment des DIXAINES de ces UNITÉS, et par conséquent ne représentent pas des unités de la même espèce.

Je dis que les autres chiffres expriment des DIXAINES, parce qu'en effet, quoique, d'après la PROPORTION DÉCUPLE, le *troisième* rang exprime des CENTAINES du *premier*; le *quatrième*, des MILLE, etc.; il est évident que le

nombre,

nombre, produit par les chiffres à gauche d'un autre chiffre, peut être regardé comme un nombre de DIXAINES par rapport aux UNITÉS de cet autre chiffre; ce qui est d'autant plus vrai que, dans la pratique de l'ADDITION, ce nombre est toujours considéré sous ce rapport, puisqu'on porte toujours, à la colonne suivante, tout ce qui a été retenu de la précédente.

Ainsi dans 648, *par ex*, il y a 8 UNITÉS et 64 DIXAINES.

Dans 1253 il y a 3 UNITÉS et 125 DIXAINES. Ainsi des autres nombres composés.

IL pourra faire voir aussi que, quand on retient plus de 9, c'est-à-dire plus de 9 DIXAINES, quoiqu'on les porte toutes à la *première* colonne qui suit, il n'est pas moins vrai que celles qui excèdent 9, et qui par conséquent sont des CENTAINES, se trouveront portées à la *seconde*.

Je n'ai pas besoin de dire qu'il devra faire pratiquer diverses ADDITIONS, et tâcher d'y présenter les différentes circonstances particulières qui peuvent se rencontrer dans cette opération, en exigeant, surtout dans les premières, l'application des principes; mais je l'inviterai à faire écrire par les élèves, sous sa dictée, les nombres à additionner: d'abord

pour les habituer de plus en plus à savoir
écrire sur-le-champ un nombre quelconque,
et bien former les chiffres, mais surtout pour
qu'ils apprennent de bonne heure à placer
exactement chaque rang dans sa colonne,
ce qu'on ne saurait trop leur recommander.

Si l'instituteur a eu le soin d'exercer les
élèves dans la composition et la décomposition des nombres, ils en éprouveront de l'a-
vantage dans cette opération, par la facilité
qu'ils auront à trouver promptement le nouveau nombre produit par l'addition d'un nombre à un autre ; mais il pourra leur apprendre aussi un moyen de connaître aisément le
nombre produit par l'addition de 9 à un nombre quelconque. Pour cet effet, il leur rappelera que 10, ajouté à un nombre, donne
toujours le même nombre d'unités dans la
dixaine qui suit immédiatement. Ainsi, pour
9, on n'a qu'à faire comme pour 10, puis
ôter 1. La même chose peut être pratiquée
pour 8, en ôtant 2.

XVIe. Leçon.

Aussitôt que les élèves connaîtront un peu
la méthode de l'addition, l'instituteur
devra les faire passer à celle de sa preuve,
et n'attendra pas qu'ils sachent parfaitement

la première. Je crois au contraire plus avantageux de les faire marcher ensemble, pour ainsi dire, car il est bon qu'ils apprennent de bonne heure à reconnaître les erreurs, et à les rectifier; et puis il évitera la perte du tems qu'il serait obligé d'employer à vérifier lui-même les opérations. D'ailleurs, comme, pour cette PREUVE, il faut aussi additionner, elle servira pareillement à exercer les élèves sous ce rapport. Mais je l'invite expressément, pour l'ADDITION comme pour les autres règles, à exiger toujours que chaque opération soit suivie de sa PREUVE, et que l'une et l'autre soient refaites jusqu'à ce qu'elles soient parfaitement justes; afin d'engager les élèves à mettre toute leur attention aux opérations qu'ils pratiquent, ne fut-ce que pour s'épargner la peine et le désagrément de les recommencer.

Il leur expliquera ce qu'on entend par *être égal à* o, et fera comprendre que dire *un reste de soustraction est égal à* o, ou bien *il n'y a pas de reste*, c'est dire de deux manières une même chose.

Il leur apprendra le motif de la recommandation d'additionner les nombres de bas en haut, et fera voir que le résultat ne peut être que le même : 4 ajouté à 3, ou 3 ajouté à 4 donnent toujours 7.

Il aura grand soin de leur faire bien sentir la différence de sens des mots JOINT et AJOUTÉ, parce qu'autrement ils les confondront sans cesse, et alors ne s'entendront pas plus qu'ils ne saisiront l'esprit de cette PREUVE, ni la manière de la faire.

Il démontrera que, dans cette PREUVE, on ne fait autre chose que retrancher de la SOMME de chaque colonne le nombre qu'on y avait porté en faisant l'opération, et rendre ce nombre à la colonne où on l'avait pris. D'où il résulte que, si l'ADDITION a été bien faite, la SOMME de chaque colonne doit, dans la PREUVE, être moindre, que le nombre dont on la soustrait, d'autant d'unités exactement qu'on en avait porté en faisant l'opération. Par conséquent, s'il se rencontre qu'une soustraction partielle ne puisse se faire, parce que le nombre à soustraire sera plus grand que l'autre, c'est une preuve que l'opération a été mal faite.

Il est clair aussi que, si l'on a bien opéré, soit dans l'ADDITION, soit dans la PREUVE, le reste de la dernière soustraction partielle devra être égal à 0, puisqu'on aura rendu, à la SOMME de la colonne où l'on avait commencé à retenir, autant qu'on en avait retenu, et qu'ainsi cette SOMME doit être la même qu'auparavant. Je dis *la colonne où l'on avait commencé à retenir*, et non pas la 1re., ou la 2e, ou la 3e, etc., colonne; parce qu'en effet, celle dont on commence à retenir peut-être la 1re., comme la 2e., la 3e., etc.

Il est évident encore que, dans toutes les colonnes où la SOMME, en faisant l'opération, a été un nombre simple, la différence dans la preuve, doit être égale à o.

L'INSTITUTEUR fera comprendre que, puisque la PREUVE de l'ADDITION consiste à retrancher de chaque colonne le nombre qui y avait été porté dans l'opération, si en faisant la PREUVE on avait toujours ce nombre présent à la mémoire, pour pouvoir le comparer avec le reste de chaque soustraction partielle, ce serait un moyen de reconnaître si, lorsqu'il y a erreur, c'est la PREUVE qui est fautive, ou bien l'opération. Comme c'est un moyen d'économiser le tems, il pourra le faire pratiquer par ceux qui le concevront, et qui seront capables de l'attention qu'il exige.

IL leur apprendra qu'il peut y avoir plusieurs manières de vérifier l'ADDITION : telles que de recommencer l'opération en additionnant de bas en haut, et quand les SOMMES des deux additions sont égales, on reconnaît que la première a été bien faite; ou bien, celle par laquelle on retranche, de la SOMME, l'un des nombres qu'on a additionnés, puis on cherche la SOMME des autres nombres, et pour que l'opération ait été bien faite, il faut que cette dernière somme soit égale au reste de la soustraction. (Celle-ci ne peut être pratiquée que quand on connaît la SOUSTRACTION); ou bien, celle qui consiste à supprimer un des nombres additionnés, et à faire une nouvelle ADDITION sur les autres, puis à ajouter, à la SOMME de celle-ci, le nombre supprimé, et à voir si cette dernière SOMME est semblable à la première; ou bien encore la PREUVE par 9; etc., etc. Mais toutes ces manières ne sont pas plus infaillibles que celle que j'enseigne. Elles ont toutes des inconvéniens, sans avoir, comme celle-ci, l'avantage de servir de preuve par la raison contraire, et par conséquent d'être aussi facilement senties.

XVIIe. LEÇON.

L'INSTITUTEUR n'aura, dans cette leçon, qu'à développer les raisonnemens qu'elle contient, et à en faire sentir la justesse; mais il aura toujours soin de justifier par des exemples tout ce qu'il exposera.

Il fera bien saisir les définitions, et en fera faire des applications.

Il fera comprendre que *chercher ce qui reste d'un nombre après qu'on en a ôté un autre*, et *chercher le nombre d'unités dont le plus grand surpasse l'autre*, sont deux propositions identiques, parce que dans les deux cas le résultat est le même.

XVIIIe Leçon.

Cette leçon est susceptible d'une infinité d'observations et explications, mais je me contenterai d'indiquer celles qui me paraissent les plus importantes ; l'instituteur suppléera aux autres.

Il s'assurera d'abord si les élèves savent pourquoi les rangs à droite du *dernier* chiffre significatif doivent toujours être remplis par des o ; et pourquoi il n'en est pas ainsi pour les rangs à gauche du *premier*.

Il fera observer que, dans le 3e. cas, quoiqu'il puisse y avoir un ou plusieurs chiffres du nombre inférieur qui soient plus grands que ceux dont ils doivent être soustraits, c'est à dire ceux qui leur répondent dans le nombre supérieur, cela n'empêche pas que celui-ci, pris en entier, ne soit plus grand que l'autre; et, par suite, il leur apprendra à savoir reconnaître sur-le-champ le plus grand de deux nombres quelconques exprimés en chiffres, sans avoir besoin de les énoncer. Il montrera donc que le plus grand est celui qui a plus de tranches ou de rangs; et, en cas d'égalité de de l'un et l'autre, celui où, les rangs étant comparés de gauche à droite, se trouve le le premier chiffre plus grand; et il fera voir que ceci est une conséquence de la PROPORTION DÉCUPLE.

Il fera remarquer aussi que, d'après la même proportion et la manière dont on emprunte, il est impossible d'emprunter moins de 10; mais que ce nombre est le plus favorable de tous : d'abord en ce que celui qui résulte de son addition au chiffre empruntant, est toujours plus grand que le nombre à soustraire, et que par conséquent la soustraction peut se faire dans tous les cas; puis en ce qu'il ne peut jamais être assez grand pour que le reste de la soustraction partielle soit un nombre composé, et ne puisse pas être contenu dans un rang.

Il démontrera la nécessité de laisser 9 sur chaque zéro intermédiaire, et en conséquence fera voir qu'elle vient de ce qu'on ne peut ajouter, à aucun rang, que des unités de l'espèce de celles qu'il détermine, et qu'un nombre de ces unités tel, que la différence, dans cette soustraction partielle, ne puisse jamais être qu'un nombre simple.

Ainsi, en empruntant *une* UNITÉ du *second* chiffre à gauche, *par ex*, on a une CENTAINE, qui peut être réduite en *dix* DIXAINES, ou bien en *cent* UNITÉS de l'espèce empruntante. Si on la réduit en DIXAINES, l'on ne pourra pas les porter au rang qui emprunte, puisqu'il contient des unités *neuf fois* moindres. Si on la reduit en *cent* UNITÉS, et qu'on les porte toutes au rang empruntant, l'on ajouterait bien à la vérité des unités de la même espèce, mais on voit que le reste de cette soustraction partielle ne pourrait jamais être un nombre simple. Pour tout concilier dans ce cas, on convertit l'UNITÉ empruntée en *dix* DIXAINES, dont on laisse *neuf* sur le o intermédiaire, qui occupe le rang des unités de cette espèce, et on ne porte, au rang empruntant, que *la dixième*, qu'on convertit en *dix* UNITÉS de l'espèce déterminée par ce rang ; de sorte que l'on fait absolument la même chose que si ces *dix* DIXAINES eussent été, dans le principe, à la place du o, et qu'on en eut emprunté *une*.

IL leur expliquera que c'est là la raison pour laquelle il est dit que le *chiffre empruntant ne peut jamais emprunter que du premier rang à sa gauche.* C'est pourquoi, quand le premier chiffre à gauche n'a rien à prêter, c'est-à-dire quand il est o, il est obligé d'avoir recours à son voisin ; si celui-ci est dans le même cas, il emprunte également du premier à sa gauche ; ainsi de suite, jusqu'à ce qu'il se trouve un rang dont le chiffre puisse prêter, et duquel alors on prend *une* unité. Cette unité doit être assimilée à l'espèce de celles qui sont déterminées par le rang qui a emprunté le dernier, et doit par conséquent être convertie en *dix* unités. Ce dernier o vaut donc alors 10, et comme il prête, à son tour, *une* unité à son voisin à droite, il ne lui reste donc que 9. Ainsi des autres.

Pour ce qui est des points dont je fais marquer les chiffres, ceci ne regarde que les commençans, et l'instituteur pourra les faire supprimer quand il le jugera à propos. Il devra même y veiller bientôt, pour que cette habitude soit perdue, quand on en sera à la division.

Il fera voir que quoique la manière, dont on pratique les emprunts, change les nombres des rangs prêtans et empruntans, elle ne change pourtant rien à la valeur du nombre considéré en entier, puisque on ne fait par là qu'un transport ; c'est-à-dire qu'on ne fait que prendre dans un rang, pour mettre dans un ou plusieurs autres, mais toujours la même quantité, et seulement sous d'autres espèces.

La connaissance de la composition et de la décomposition des nombres servira dans cette opération, comme dans la première ; car elle procurera aux élèves l'avantage de savoir, sur-le-champ, et sans être obligés de compter par les doigts, ce qui reste d'un nombre, quand on en a ôté un autre. En effet, si je sais que 14, *par ex*, est composé de 8 et 6, ou que 8 et 6 font 14, je sais aussi que, en ôtant 8 de 14, il doit rester 6, et que, en ôtant 6, il doit rester 8.

XIXe. LEÇON.

L'INSTITUTEUR n'aura, dans cette leçon, qu'à faire bien saisir tout ce qui est établi relativement à la PREUVE de la SOUSTRACTION, et à faire voir que cette preuve est fondée uniquement sur l'axiome suivant : *si l'on rend à une quantité autant qu'on lui avait ôté, elle redevient la même qu'auparavant.*

IL fera comprendre aussi comment une faute égale, mais en sens contraire, dans l'opération et dans la preuve, peut induire en erreur sur la justesse des résultats.

Il est bien clair au reste que, pour la sous-
TRACTION comme pour toutes les autres règles,
IL ne devra pas se contenter d'exiger que chaque
opération soit suivie de sa preuve, mais qu'IL
devra aussi s'assurer par lui-même si les preuves sont exactes; et je n'ai pas besoin d'en
dire la raison. Ce sera principalement pour la
MULTIPLICATION et la DIVISION qu'il faudra y
apporter plus de vigilance. Mais IL ne devra
pas perdre son tems à refaire lui-même la
preuve de chaque élève; IL n'aura qu'à faire
en son particulier chaque opération et sa
preuve, puis à comparer les résultats avec
ceux des élèves. Au surplus IL pourra aussi
les charger de se vérifier réciproquement.

X X^e L e ç o n.

L'INSTITUTEUR démontrera que, dans une
longue addition dont on fait plusieurs, la
SOMME TOTALE, produite par celles de ces additions partielles, est la même que si l'on n'a-
vait fait qu'une seule addition sur tous les
nombres.

Je répète pour la dernière fois qu'IL doit
toujours bien éclaircir chaque définition nouvelle, et en faire des applications à des exemples très-simples.

IL aura soin d'expliquer cette expression *ajouter à lui-même, ou répéter, autaut de fois, moins une*, en faisant bien saisir le sens du mot AJOUTER qui signifie *mettre de plus*, et non pas *prendre autant de fois*. Ainsi, AJOUTER UN NOMBRE A LUI-MÊME *deux fois, par ex*, ne veut pas dire PRENDRE CE NOMBRE *deux fois*, mais METTRE CE NOMBRE *deux fois* DE PLUS, ce qui est la même chose que PRENDRE *trois fois*; de sorte que pour multiplier un nombre par un autre, il faut, ou prendre le premier autant de fois exactement qu'il y a d'unités dans le second, ou bien ajouter le premier à lui-même *une fois* de moins, ou autant de fois, *moins une*, qu'il y a d'unités dans le second.

On sent qu'il en est de même pour le mot RÉPÉTER, qui signifie ici *mettre de nouveau*.

Cette observation sera peut-être regardée comme minutieuse, mais il ne me paraît pas indifférent que les enfans prennent, de chaque chose, des idées précises et distinctes. D'ailleurs, je me suis permis d'ajouter à une expression qui est, pour ainsi dire, reçue; et j'ai cru devoir en expliquer les raisons. Quoiqu'il en soit, comme par la suite il sera souvent question de *prendre un nombre autant de fois qu'il y a d'unités dans un autre, et d'ajouter, ou répéter autant de fois, moins une*, l'INSTITUTEUR fera remarquer la signification de chacune de ces expressions.

IL démontrera l'identité des deux problêmes suivans : *multiplier un nombre par un autre, pour connaître le nouveau nombre qui en résulte ; et ajouter un nombre à lui-même un certain nombre de fois pour en avoir la somme.*

IL fera comprendre comment chacun de ces mots MULTIPLICANDE, MULTIPLICATEUR, PRODUIT, FACTEUR exprime la fonction du nombre auquel il est appliqué.

La composition et la décomposition des nombres sera encore ici très-utile, pour faire concevoir ce qui est démontré sur 4 *fois* 1 ou 1 *fois* 4, et sur 2 *fois* 3 ou 3 *fois* 2, et pour faire faire, sur d'autres nombres, des applications semblables ; afin de prouver que la vérité de la proposition s'étend à tous les nombres à multiplier l'un par l'autre, quels qu'ils puissent être. Ce sera aussi une nouvelle occasion d'exercer le jugement des élèves, et de leur apprendre à suivre un raisonnement.

IL leur fera bien concevoir l'explication donnée à la fin de la leçon, pour qu'ils prennent une juste idée du rapport sous lequel doit être considéré chacun des nombres d'une multiplication ; et fera dire comment, d'après ce rapport, le multiplicande peut être ABSTRAIT ou CONCRET, et comment le produit doit toujours être ce qu'est le multiplicande. IL fera remarquer qu'une multiplication faite est tout comme une addition où le même nombre (le multiplicande) aurait été ajouté un certain nombre de fois ; et que le produit de la multiplication ne peut être d'une autre nature que la SOMME de cette addition ; qu'ainsi, puisque la SOMME d'une addition ne peut manquer de représenter la même espèce d'unités que les nombres additionnés, le produit doit aussi représenter la même espèce que le multiplicande.

IL aura soin de faire observer que, par *espèce* d'unités, on entend seulement ici, celle qui est relative aux unités considérées comme ABSTRAITES OU CONCRÈTES.

Pour ce qui est du multiplicateur, L'INSTITUTEUR pourra, s'il le veut, entrer dans quelques explications pour prouver que, quelle que soit l'espèce de ses unités, il doit toujours être considéré comme un NOMBRE ABSTRAIT ; ou bien IL se contentera de résoudre les difficultés qui pourront lui être proposées par les élèves, parce que cet article sera l'objet d'une observation particulière, lorsque je

traiterai de la multiplication des NOMBRES CON-
CRETS.

XXIe. LEÇON.

L'INSTITUTEUR rappelera l'instruction de la
leçon précédente, sur l'identité du produit
de deux nombres multipliés l'un par l'autre,
et qui sont alternativement multiplicande et
multiplicateur, pour faire voir que le LIVRET
abrégé, tel que je le présente, suffit pour connaître tous les produits de la multiplication
des nombres simples.

IL fera observer aux élèves que le LIVRET
ne contient que les produits des nombres simples; mais IL leur annoncera que, comme il le
verront bientôt, il est suffisant pour t[illegible]
sortes de multiplications, parce que dan[illegible]
multiplication, soit simple, soit compo[illegible]
chaque multiplication partielle s'opère sur u[illegible]
nombres simples.

IL devra les retenir à cette leçon, jusqu'à
ce qu'ils sachent passablement le LIVRET, et
je n'ai pas besoin de faire remarquer combien
ils seront aidés en cela par la connaissance de
la composition et de la décomposition des
nombres. Mais, pour le leur rendre plus fa-
milier, IL pourra, lorsqu'ils connaîtront la
méthode de la multiplication composée, les

exercer

exercer pendant quelques jours, et même de tems en tems, par la suite, à faire la multiplication de. 987654321

par 123456789

Il aura soin de démontrer ce qui est établi sur le produit de l'unité multipliée par les autres nombres simples, et de ceux-ci multipliés par l'unité, et les exercera sur l'application de ces deux principes : *un nombre multiplié par l'unité est toujours égal à lui-même ; l'unité multipliée par un nombre est toujours égale à ce nombre.*

X X I I^e. L e ç o n.

Toute la tâche de l'instituteur se réduit, dans cette leçon, à donner les explications qu'elle lui paraîtra exiger ; à démontrer qu'un o dans le multiplicande est absolument dans le même cas qu'une colonne de o dans l'addition, et à faire pratiquer diverses multiplications simples.

Il pourra, en attendant que les élèves connaissent la manière de vérifier la multiplication par la division, leur faire faire une espèce de preuve par une nouvelle multiplication sur les mêmes nombres, dont on prendra la moitié de l'un, et dont on doublera l'autre, de préférence l'impair, s'il y en a un.

D

Mais si les deux nombres sont impairs, on retranchera *une* UNITÉ de celui dont on veut prendre la moitié, et l'on aura soin d'ajouter ensuite, au produit, la moitié de celui qui aura été doublé, c'est-à-dire le nombre tel qu'il était dans la première opération. Je n'ai pas sans doute besoin d'ajouter qu'IL devra leur faire comprendre comment le produit de cette seconde multiplication doit être parfaitement égal à celui de la première.

XXIIIe. LEÇON.

L'INSTITUTEUR fera bien sentir la nécessité de faire répondre le premier chiffre de chaque produit au chiffre qui multiplie. Pour cet effet, IL développera ce qui est dit dans le courant de la leçon, pour démontrer que chaque chiffre du multiplicateur, quand il multiplie des UNITÉS SIMPLES, donne un produit de son espèce : qu'ainsi le chiffre des UNITÉS donne un produit d'UNITÉS ; celui des DIXAINES un produit de DIXAINES, etc.

Il fera observer que si le premier chiffre du produit des DIXAINES, *par ex*, était placé sous le 1er. du produit des UNITÉS, le rang des CENTAINES de ce 2e. produit se trouverait sous le rang des DIXAINES du 1er.; le rang des

MILLE sous celui des CENTAINES, etc.; et que
le produit total ne serait plus tel qu'il doit être,
outre qu'on n'observerait pas la règle, pres-
crite pour l'ADDITION, de mettre chaque rang
dans sa colonne.

IL montrera qu'en faisant une multiplication composée, l'on pratique la même chose,
et l'on arrive au même résultat que si l'on faisait plusieurs multiplications simples; c'est-à-
dire si l'on multipliait le même multiplicande
par chaque chiffre du multiplicateur séparément, ce qui donnerait également un produit
d'UNITÉS, un de DIXAINES, un de CENTAINES, etc;
et ces produits étant additionnés fourniraient
évidemment un produit total semblable à
l'autre, pourvu qu'on eut eu soin de disposer convenablement les nombres à additionner, c'est-à-dire de placer chaque chiffre dans
sa colonne, à raison de l'espèce d'unités que
chacun exprime.

Pour ce qui est des POINTS par lesquels je
fais remplir les rangs qui doivent être vides,
je les ai préférés aux ZÉROS qu'on y met ordinairement, afin qu'on voye tout de suite la
valeur précise de chaque produit particulier,
sans qu'aucun de ces produits puisse être censé
avoir plus de chiffres qu'il n'en a réellement.
Au surplus ces POINTS ne sont que pour les

commençans, et L'INSTITUTEUR jugera quand il pourra les faire supprimer.

XXIVe. LEÇON.

La démonstration du principe qui établit que o *multiplicateur ne peut jamais produire que o*, cette démonstration sera donnée ailleurs, comme je l'annonce dans la leçon ; ainsi L'INSTITUTEUR pourra différer, jusques-là, toute explication à cet égard. Cependant si l'un des élèves lui demande quelque éclaircissement sur cet article, il devra le donner ; parce qu'il est important qu'ils sachent toujours se rendre raison de ce qu'ils pratiquent, et de tel ou tel principe.

IL fera bien comprendre tout ce qui est exposé sur les manières abrégées de faire la multiplication, lorsqu'il se trouve un ou plusieurs zéros dans le multiplicateur.

Quant à celle qui est relative aux zéros qui se rencontrent à la fin de chacun des deux facteurs, IL aura soin de bien en développer et faire concevoir la démonstration. IL pourra montrer aussi que, dans l'exemple proposé, c'est-à-dire dans la multiplication de 6080 par 400, l'on doit prendre le multiplicande 400 *fois*, ou le rendre 400 *fois* aussi grand ; et que si l'on multipliait ce multiplicande tout entier,

(6080), par 4, en ajoutant ensuite *deux* o au produit, ce nombre seroit réellement rendu 400 *fois* aussi grand. En effet 6080 multiplié par 4 est pris 4 *fois* ; si au produit par 4 on ajoute *un* o, l'on aura un nombre *dix fois* aussi grand que ce produit, on aura donc un nombre *dix fois* 4 *fois*, ou 40 *fois*, aussi grand que le multiplicande ; si l'on ajoute un *second* o, l'on aura un nombre *dix fois* aussi grand que le produit de 40 *fois* ; ou *cent fois* aussi grand que le produit de 4 *fois* ; ou 400 *fois* aussi grand que le multiplicande. Donc en multipliant 6080 par 4, et ajoutant ensuite *deux* o au produit, on a rendu le multiplicande 400 *fois* aussi grand, et obtenu par conséquent un produit égal à celui de 6080 multiplié par 400.

Si l'on retranche le o qui est à la fin du multiplicande, et qu'on multiplie 608 au lieu de 6080, le produit sera encore le même, au o près qui aura été supprimé ; car alors on multipliera 608 DIXAINES, qui ont la même valeur que 6080 UNITÉS, de sorte que, pour faire de ce produit un nombre de DIXAINES, il suffira de lui ajouter un o (le o retranché).

Bref L fera comprendre en deux mots que, puisque o, soit multiplicande, soit multiplicateur, produit toujours o, peu importe, pourvû qu'on ait soin d'en ajouter, au produit, autant qu'il y en a à la fin de chaque facteur; peu importe, dis-je, qu'ils soient écrits avant, ou après, ou pendant l'opération.

Il s'assurera si les élèves se souviennent qu'un o dans le multiplicande est absolument la même chose qu'une colonne de o dans une addition. S'ils l'ont oublié, il en donnera de nouveau la démonstration, en présentant une multiplication sous la forme d'une addition.

XXVe Leçon.

L'instituteur pourra exercer le jugement des élèves, en leur faisant des questions, ou en leur faisant observer des raisonnemens sur la MULTIPLICATION considérée comme une ADDITION ABRÉGÉE.

Il aura soin de démontrer que les différens problêmes proposés, et tous ceux qu'on peut proposer, relativement à la DIVISION, se réduisent à celui-ci : *chercher le nombre de fois qu'un nombre est contenu dans un autre;* et il fera bien comprendre que, dans une division à faire sur deux nombres donnés, peu importe qu'on veuille obtenir un résultat selon tel ou tel problême, parce que cela ne peut

rien changer, ni à la manière d'opérer, ni à
la valeur du résultat considéré comme nombre proprement dit, comme NOMBRE ABS-
TRAIT.

IL fera concevoir aussi comment la SOUS-
TRACTION peut suffire pour procurer ce résultat ; mais IL prouvera en même tems, par quelques exemples de nombres plus ou moins considérables , plus ou moins différens en valeur,
combien cette méthode serait longue, et comme
elle le devient davantage, à mesure que cette
différence augmente.

XXVIe. LEÇON.

Cette leçon ne contenant que des définitions
et une simple nomenclature, L'INSTITUTEUR
observera ce qui, à cet égard, lui a été re-
commandé dans la XXe leçon.

IL pourra aussi, par les questions convenables, conduire les élèves à faire les raisonnemens suivans et d'autres semblables.

*Puisque le dividende contient le diviseur,
il doit toujours être plus grand que lui, ou
tout au moins égal.*

*Puisque le quotient marque combien de
fois le diviseur est contenu dans le dividende,
il doit toujours être moindre que le dividende*

(excepté quand le diviseur est l'UNITÉ);
mais il peut être égal au diviseur, ou moindre, ou plus grand que lui, selon que la
valeur du diviseur est plus ou moins rapprochée de celle du dividende.

Le quotient d'une division peut être considéré comme exprimant, soit le nombre de
fois que le diviseur est contenu dans le dividende, soit une partie du dividende partagé en autant de parties égales qu'il y a
d'unités dans le diviseur; d'où il résulte que
le quotient est un nombre ABSTRAIT quand le
diviseur est CONCRET, et qu'il est CONCRET
quand le diviseur est ABSTRAIT. Il en résulte
encore que le diviseur et le quotient marquent
réciproquement, l'un combien de fois l'autre
est contenu dans le dividende; et il suit de
là que, lorsqu'on connaît le quotient d'une
division, si l'on divisait le dividende par
ce quotient, on obtiendrait, pour quotient de
cette seconde division, le diviseur de la 1re.
Il s'ensuit encore qu'en prenant le diviseur
autant de fois qu'il est marqué par le quotient, ou celui-ci autant de fois qu'il est
marqué par l'autre, c'est-à-dire, en multipliant l'un par l'autre, on devra obtenir un
produit entièrement égal au dividende, etc.

Bien entendu que L'INSTITUTEUR aura soin

de développer et faire bien comprendre chaque proposition, ainsi que les corollaires ou les conséquences qu'on en déduit, mais surtout de les rendre sensibles par des exemples très-simples.

XXVIIe. Leçon.

L'instituteur proposera des exemples de dividendes d'abord simples, puis composés successivement de *dèux* chiffres, de *trois*, de *quatre*, etc, auxquels il donnera le même diviseur; et fera voir combien il serait difficile, en prenant le dividende entier, de connaître le nombre de fois que le diviseur y est contenu, et comment la difficulté augmente, à mesure que le dividende devient plus grand.

Il fera faire une attention particulière à la signification du mot PARTIEL, pour que les élèves ne soient pas embarrassés quand ils le trouveront joint à quelque autre mot : DIVISION PARTIELLE, MULTIPLICATION, SOUSTRACTION PARTIELLES, QUOTIENT PARTIEL, etc.

Il rappelera la signification du mot DIVIDENDE, pour faire concevoir que chaque chiffre du dividende, pris en particulier, est un dividende, puisque c'est un nombre *qui doit être divisé*, et qui doit par conséquent donner un quotient.

Il fera dire *pourquoi le o est inutile, quand il n'est précédé d'aucun chiffre significatif; pourquoi, dans une division simple, le 1er. dividende partiel ne doit jamais contenir plus de deux chiffres; pourquoi, d'après les règles que nous établissons, le 1er dividende partiel doit toujours contenir le diviseur.*

Il montrera que la recommandation *de ne prendre pour 1er. dividende partiel qu'un nombre de chiffre suffisant pour contenir le diviseur*, a uniquement pour but de simplifier l'opération, tout comme la méthode qui prescrit d'opérer successivement sur chaque chiffre l'un après l'autre; car autrement le résultat serait bien le même, mais ce serait, à plus ou moins près, la même chose que si l'on cherchait tout de suite combien de fois le diviseur est contenu dans le dividende tout entier.

Il fera voir aussi que c'est par une suite nécessaire de cette pratique, qu'une division partielle ne peut jamais donner, au quotient, plus de 9, c'est-à-dire plus d'*un* chiffre.

Il fera comprendre comment un dividende partiel, ou un nombre quelconque, quand il n'est pas contenu dans un autre nombre, composé d'autant de chiffres, ne peut manquer d'y être contenu, si l'on joint, à ce dernier, un nouveau chiffre, quel qu'il soit ; d'où il résulte qu'un DIVIDENDE PARTIEL BIEN PRIS (IL aura soin d'expliquer ce qu'on entend par là) ne peut, dans tous les cas, qu'être égal en chiffres au diviseur, ou tout au plus avoir *un* chiffre de plus.

IL prouvera qu'un nombre est contenu *une fois* en lui-même ou dans un nombre semblable, et que, par conséquent, lorsqu'on dit qu'*un dividende partiel doit être* AU MOINS *égal au diviseur,* c'est tout comme si l'on disait qu'*un dividende partiel doit contenir* AU MOINS UNE FOIS *le diviseur,* ou *doit avoir* AU MOINS *la même valeur que le diviseur.*

Au reste L'INSTITUTEUR aura soin de développer, de faire bien apprendre, bien comprendre tout ce qui appartient à cette leçon, qui est comme la clef des suivantes.

XXVIIIᵉ. Leçon.

L'INSTITUTEUR pourra, dans cette leçon, exercer de nouveau les élèves sur les dividendes partiels, pour les fortifier de plus en plus à cet égard ; et s'attachera particulièrement à leur faire bien saisir la manière d'opérer sur le 1er. et le 2e., qui guideront pour tous les autres.

Sur le précepte relatif au o *à mettre au quotient toutes les fois qu'un dividende partiel ne contient pas le diviseur,* IL fera bien sentir la nécessité de l'observer, puisqu'il faut que chaque membre de division donne un chiffre au quotient. Or chaque quotient partiel doit exprimer le nombre de fois que le diviseur est contenu dans le membre de division sur lequel on vient d'opérer. Donc, quand le diviseur n'est pas contenu, le quotient doit exprimer qu'il ne l'est pas ; le quotient doit donc être o. Sans cette précaution le dividende partiel ne serait pas représenté au quotient, et il en résulterait, pour le quotient total, une différence proportionnée au nombre des o, ou des rangs, qui auraient été ainsi supprimés. Comme l'application de ce précepte se présente très souvent, soit dans la division simple, soit dans la composée, il est essentiel d'y faire faire une attention particulière.

IL fera dire pourquoi, si l'on faisait à tort une application de ce précepte, le nouveau membre de division ne serait pas régulièrement composé, et pourquoi il contiendrait le diviseur plus de *neuf fois.*

XXIXe. Leçon.

L'INSTITUTEUR demandera ce que c'est, d'après la signification du mot PARTIEL, qu'une MULTIPLICATION PARTIELLE, et fera voir que la multiplication dont il est question, est en effet *partielle*, puisqu'elle n'est qu'*une partie* de celle qui serait faite, si l'on opérait sur le dividende entier tout-à-la-fois. Mais, pour que les élèves prennent une idée plus précise à cet égard, IL leur dira qu'il faut entendre, par MULTIPLICATION PARTIELLE, *celle qui a lieu dans une division partielle*. Il en est de même pour SOUSTRACTION PARTIELLE.

IL demandera pourquoi la soustraction ne pourrait pas se faire, si le produit d'une multiplication était plus grand que le dividende partiel dont il doit être soustrait ; et comment cela est une preuve que le chiffre mis au quotient est trop fort.

A l'égard d'un reste de soustraction égal au diviseur, IL rappelera qu'un nombre est contenu *une fois* dans lui-même, ou dans un nombre semblable ; d'où il résulte que le diviseur est contenu encore *une fois* dans un reste de soustraction qui est égal à ce diviseur.

Pour ce qui est du reste de la dernière soustraction, IL fera voir ou dire pourquoi ce reste ne peut pas être regardé comme un dividende partiel, ni par conséquent donner un chiffre au quotient, pas même un o, quoiqu'il ne contienne pas le diviseur ; et fera observer que le reste de chaque autre soustraction partielle aurait été traité de la même manière, s'il se fût trouvé le dernier.

IL exercera les élèves sur la manière de trouver promptement, par le moyen du LIVRET, le nombre de fois que le diviseur est contenu dans un dividende partiel.

Dans les divisions qu'IL fera pratiquer, IL devra veiller à ce qu'ils marquent exactement chaque membre de division, et à ce qu'ils vérifient toutes les soustractions, même e s plus simples, afin qu'ils en contractent l'habitude.

X X X^e. L E Ç O N.

L'INSTITUTEUR fera répéter, ou, s'il en est besoin, apprendre de nouveau l'instruction donnée dans la XIIIe leçon (*des élémens*), sur les VALEURS ABSOLUE et RELATIVE des chiffres, et sur ce qu'on entend par UNITÉS PROPREMENT DITES.

Iᴌ tâchera de faire concevoir comment, par sa nature, le calcul ne peut porter que sur la ᴠᴀʟᴇᴜʀ ᴀʙsᴏʟᴜᴇ; c'est-à-dire ne peut jamais porter sur l'espèce des unités de tel ou tel rang, de telle ou telle colonne, mais seulement sur le nombre des unités contenues dans chaque rang, ou dans chaque colonne. En conséquence ɪʟ fera voir, dans l'ᴀᴅᴅɪᴛɪᴏɴ et la sᴏᴜsᴛʀᴀᴄᴛɪᴏɴ, que, quoique les unités de la même espèce occupent la même colonne, l'on opère sur les nombres d'unités contenues dans chacune, sans avoir aucun égard à l'espèce de ces unités, et absolument de la même manière que si l'on faisait autant d'opérations séparées qu'il y a de colonnes, et comme si chaque colonne ne contenait que des ᴜɴɪᴛés ᴘʀᴏᴘʀᴇ-ᴍᴇɴᴛ ᴅɪᴛᴇs.

Si quelqu'un des élèves lui objectait que cependant, dans l'ᴀᴅᴅɪᴛɪᴏɴ et la ᴍᴜʟᴛɪᴘʟɪᴄᴀᴛɪᴏɴ, l'on retient des ᴅɪxᴀɪɴᴇs d'une colonne pour une autre, et que, dans la sᴏᴜsᴛʀᴀᴄᴛɪᴏɴ, on emprunte également une ᴅɪxᴀɪɴᴇ d'un chiffre pour porter à un autre, etc; ɪʟ n'aura pas de peine à démontrer que ces circonstances, et autres analogues, ne détruisent en rien ce qui est avancé.

Ainsi, pour ce qui regarde l'ᴀᴅᴅɪᴛɪᴏɴ et la ᴍᴜʟᴛɪᴘʟɪᴄᴀᴛɪᴏɴ, il fera observer que le transport, qui se fait d'une colonne à une autre, n'a lieu que parce que la SOMME ainsi que le PRODUIT, dont on retient, étant des nombres composés ne sauraient être écrits en entier, vû qu'ils occuperaient plus d'*un* rang ; mais que ce transport ne constitue pas l'opération dans laquelle on le pratique, et que c'est seulement pour abréger qu'on le pratique ainsi dans le cours de cette opération ; car on parviendrait au même résultat, en écrivant toujours en entier chaque SOMME, chaque PRODUIT PARTIELS, comme l'on fait pour la colonne la plus à gauche, lorsqu'il y a un chiffre à avancer ; et en plaçant ensuite, au dessous, la SOMME ou le PRODUIT de la colonne suivante, ainsi de suite ; puis en faisant l'addition de ces sommes ou produits partiels, pour en avoir le TOTAL-

EXEMPLES.

Addition.	*Multiplication.*
437	
185	694
642	8

Somme de la 1re. colon.. 14	1er. produit.......... 32
Somme de la 2e............ 15	2e. produit........... 72
Somme de la 3e........ 11	3e. produit......... 48
SOMME TOTALE.... 1264	1552

PRODUIT TOTAL 5552

IL

Il montrera pareillement que le transport, qu'on fait dans la soustraction , ne constitue pas non plus cette opération , qui ne consiste pas à augmenter le nombre des unités d'un rang, mais à retrancher un nombre d'un autre ; et que ce transport a également pour but d'en abréger , d'en simplifier la pratique; ce qu'il pourra prouver par quelques exemples , tels que celui qui est ici , dans lequel il fera voir que lorsqu'on emprunte du 3ᵉ. rang pour les deux 1ᵉʳˢ , c'est parce qu'il est plus court et plus facile de soustraire d'abord 8 de 10; puis 2 de 9; ensuite 4 de 13, etc., etc., que de faire quatre soustractions : c'est-à-dire de soustraire d'abord 8 de 21400 , puis du reste les deux *unités* du second rang, c'est-à-dire 2 (DIXAINES); ou, si l'on veut, 20 (UNITÉS SIMPLES) etc., etc.

$$\begin{array}{r} 21400 \\ 9428 \\ \hline 11972 \end{array}$$

$$\begin{array}{r} 21400 \\ 8 \\ \hline 21392 \\ 2 \\ \hline 21372 \\ 4 \\ \hline 20972 \\ 9 \\ \hline 11972 \end{array}$$

Il fera donc bien sentir que ces pratiques, de retenir d'une colonne pour une autre, ou d'emprunter d'un chiffre pour un autre, ne sont que des accessoires des opérations où elles ont lieu, et n'empêchent pas que le calcul partiel d'une colonne quelconque ne porte seu-

E

lement sur la VALEUR ABSOLUE des chiffres qu'elle contient. Ce qui est d'autant plus vrai que chaque colonne, quel que soit son rang, est calculée absolument comme si elle en occupait un autre, ou comme si elle était une colonne isolée, une colonne d'UNITÉS PROPREMENT DITES.

IL pourra faire remarquer encore, par rapport à la MULTIPLICATION, que, quoiqu'on multiplie des DIXAINES, CENTAINES, etc, par des UNITÉS SIMPLES ou des DIXAINES, etc, ou réciproquement, on ne s'attache cependant qu'à la VALEUR ABSOLUE des chiffres sur lesquels on opère; car, pour multiplier 4 par 3, *par ex*, on ne fait nulle attention à la VALEUR RELATIVE, soit du chiffre multiplicande, soit du multiplicateur, mais on dit simplement : 3 *fois* 4 *valent* 12, quel que soit le rang de chacun des deux chiffres.

IL démontrera ensuite la même vérité par rapport à la DIVISION ; c'est-à-dire qu'IL développera toute l'explication donnée à ce sujet, pour faire bien concevoir que, dans chaque division partielle, le dividende doit toujours être regardé comme exprimant des UNITÉS PROPREMENT DITES.

IL expliquera comment un nombre composé, quel qu'il soit, ne peut jamais, quand il est pris en entier, exprimer que des UNITÉS SIMples; et comment par cette raison le diviseur, soit simple, soit composé, n'est jamais qu'un nombre d'unités proprement dites.

Pour ce qui est de l'observation qui termine la leçon, il n'aura qu'à faire voir que ce qui y est établi ne peut ni changer la manière d'opérer, ni détruire l'explication qui précède ; puisque dans le calcul on ne s'occupe que de la qualité numérique des nombres, et sans aucun égard pour les objets auxquels ils peuvent être appliqués. Or, un nombre pouvant être appliqué à toutes sortes d'objets, peu importe, pour l'opération et pour son résultat, qu'on regarde le quotient d'une division comme exprimant telle ou telle espèce d'unités concrètes ; car, comme nombre proprement dit, comme nombre abstrait, il est toujours le même.

XXXIe. Leçon.

Cette leçon ne comporte, pour ainsi dire, que l'observation générale d'exercer les élèves sur les principes, précédemment établis, qui peuvent y être relatifs, et celle de développer la méthode abrégée, que l'instituteur ne devra toutefois faire pratiquer que lorsqu'ils connaîtront parfaitement l'autre.

Il s'informera s'ils conçoivent comment ,

par le moyen de la 2e. opération, c'est-à-dire de la multiplication du diviseur par le chiffre mis au quotient, on reconnaît si ce chiffre n'est pas trop fort ; et comment, par la soustraction, l'on reconnaît s'il n'est pas trop petit.

Il fera bien comprendre ce qui est établi sur la division proprement dite, et sur ce que la multiplication et la soustraction n'en sont qu'auxiliaires ou confirmatives.

Il se fera rendre raison pourquoi, dans une division simple, le reste d'une soustraction partielle ne doit jamais être qu'un nombre simple.

XXXIIe. Leçon.

L'instituteur s'assurera d'abord si les élèves ont présente à l'esprit l'instruction de la XXVIIe. leçon (*des élémens*) concernant les dividendes partiels, surtout le premier.

Il les exercera sur la manière de reconnaître si un nombre est contenu dans un autre, en leur rappelant que cette manière est la même que celle qu'il leur a enseignée pour la soustraction.

Il fera dire pourquoi, lorsque le dividende partiel et le diviseur ont un nombre égal de

chiffres, l'on ne compare, dans les deux nombres, que le 1er. chiffre; et pourquoi, dans
l'autre cas, on compare le 1er. du diviseur aux
deux 1ers. du membre de division.

Il expliquera ou fera trouver la raison pour
laquelle le diviseur entier n'est pas toujours
contenu, dans un dividende partiel, autant de
fois que le 1er. ou les deux 1ers. chiffres de celui-ci contiennent le 1er. chiffre de l'autre.

Il fera bien comprendre tout ce qui est relatif aux ÉPREUVES ; et rappelera, au sujet de
ce qui est dit dans la leçon, savoir : qu'*une*
ÉPREUVE *se fait par un nombre simple, c'est-
à-dire par le chiffre qu'on croit devoir être
mis au quotient* ; il rappelera, dis-je, ou fera
répéter ce qui a été précédemment établi sur
ce qu'une division partielle ne doit jamais
pouvoir donner au quotient qu'un nombre
simple ; et comme cette règle est commune à
toute division, soit simple, soit composée, il
en fera conclure que, lors même que le 1er.
chiffre du diviseur est contenu plus de *neuf
fois*, dans les deux 1ers. du dividende partiel,
il est inutile d'éprouver par un nombre au-
dessus de 9 ; parce que, si le diviseur partiel
a été bien pris, il ne peut, dans aucun cas,
contenir plus de *neuf fois* le diviseur entier.

Il démontrera cette dernière vérité, et la

prouvera par quelques exemples semblables à celui-ci : supposons un diviseur composé de trois chiffres, 101, *par ex*, et un dividende partiel dont les trois 1ers. chiffres ne contiendront pas le diviseur, c'est-à-dire 100 ; il est clair qu'il faudra un quatrième chiffre pour former le dividende partiel. Prenons, pour 4e. chiffre, celui qui exprime le plus grand des nombres simples, le plus grand nombre qui puisse entrer dans un rang, c'est-à-dire 9, nous aurons alors pour membre de division 1009. Or ce nombre ne contient pas 101 plus de *neuf fois*, car *dix fois* seulement 101 vaudraient 1010. Si cette vérité est démontrée à l'égard de 1009 comparé à 101, c'est-à-dire à l'égard du plus grand nombre, dans ce cas, comparé au plus petit, elle le sera à bien plus forte raison pour deux nombres plus rapprochés de valeur. Donc, dans un dividende partiel bien pris, le diviseur ne peut être contenu plus de *neuf fois*. Donc aucune division partielle ne doit pouvoir donner plus de 9 au quotient. Donc, etc., etc.

XXXIIIe. Leçon.

'IN STITUTEUR tâchera, dans les divisions qu'il donnera à faire, de parcourir les différentes circonstances qui peuvent se présenter dans cette sorte d'opérations. Mais il veillera surtout à ce que les élèves opèrent toujours par application des principes, et ne s'habituent pas à agir par routine, sans s'entendre bien eux-mêmes, et sans être en état de pouvoir toujours donner la raison pour laquelle ils exécutent telle ou telle chose. Dans cette vue, ɪʟ devra les questionner souvent à cet égard, surtout les ramener aux principes, toutes les fois qu'ils font erreur.

Quand ils seront un peu exercés dans la pratique de la division composée, et par conséquent dans la manière de faire les épreuves, ɪʟ leur apprendra comment on peut reconnaître, sans être obligé de faire une épreuve toute entière, si le diviseur entier est contenu, dans le dividende partiel, autant de fois que le marque le chiffre par lequel on veut éprouver ; ce qui économise le tems, principalement lorsque le diviseur est un nombre considérable. Pour cet effet, ɪʟ fera répéter ce qui est dit dans la leçon précédente sur la manière de reconnaître si le diviseur est contenu dans un dividende partiel qui n'a qu'autant de rangs, et montrera que le produit d'une épreuve est absolument dans le même cas ; qu'ainsi, lorsqu',en comparant les rangs de gauche à droite, le 1er. chiffre moindre se trouve dans le produit, il est évident que ce produit est contenu dans le dividende partiel ; d'où il fera conclure qu'il suffit de comparer les rangs en allant de gauche à droite ; c'est-à-dire, de voir d'abord ce qu'est, par rapport au 1er. chiffre du dividende partiel, le produit du 1er. chiffre, aussi à gauche, dans le diviseur, en ayant égard toutefois à ce qui doit être retenu, ou plutôt ce qui est supposé avoir été retenu de la multiplication du 2e. chiffre, qui par conséquent doit être aussi multiplié. (Bien entendu que ces multiplications se font simplement de tête). Si le produit de ce 1er. chiffre est moindre, il est clair que le chiffre éprouvé est bon. Si le produit est égal, alors il faut faire pour le 2e. chiffre ce qu'on a fait pour le 1er. Ainsi des autres.

X X X I V⁰. L ᴇ ç o ɴ.

L'ɪɴsᴛɪᴛᴜᴛᴇᴜʀ fera pratiquer plusieurs des divisions susceptibles d'être abrégées par la suppression d'un nombre égal de zéros à la fin du dividende et du diviseur.

Iʟ fera observer, par ces exemples comparés aux mêmes divisions faites en entier, que cette manière ne change absolument rien à la valeur du quotient, et qu'elle ne peut rien y

changer ; car les deux nombres, après qu'on
a retranché les mêmes rangs dans chacun,
ne peuvent manquer de conserver entre eux
le même rapport, et doivent en conséquence
donner le même résultat que si la suppression
n'eut pas été faite.

Mais, pour en donner la démonstration, IL
aura soin de l'appliquer à des exemples très-
simples : 3o et 1o, *par'ex*. IL fera voir que le
premier de ces deux nombres exprime *trois*
UNITÉS DE DIXAINES, et le second *une* UNITÉ
de la même espèce, et qu'il s'agit par conséquent de savoir combien de fois *une* UNITÉ
DE DIXAINES, est contenue dans *trois* UNITÉS
DE DIXAINES ; ou, ce qui revient au même :
combien de fois 1 est contenu dans 3. Or,
en retranchant le o dans chaque nombre,
chacun devient *neuf fois* moindre, et il reste
également à diviser 3 par 1. Donc le résultat des deux opérations doit être le même.
Il est aisé de voir qu'il n'en serait pas autrement si l'on avait à diviser 3oo par 1oo, ou
3ooo par 1ooo, etc.

Si le dividende était 3oo et le diviseur 1o,
on aurait à chercher combien de fois *une*
UNITÉ DE DIXAINES, est contenue dans *trante*
UNITÉS DE DIXAINES ; et, en retranchant, dans
chaque nombre un o, il resterait à diviser 3o

par 1. Or l'on voit que c'est toujours le rapport de 1 à 3o, et qu'*une* UNITÉ SIMPLE est contenue 3o *fois* dans 3o UNITÉS SIMPLES, comme *une* UNITÉ DE DIXAINES dans 3o UNITÉS DE DIXAINES ou 3 UNITÉS DE CENTAINES. Donc, etc.

IL prouvera aussi que cette démonstration est la même absolument pour les cas où le diviseur seul est terminé par un ou plusieurs zéros ; mais fera voir que le reste de la division, ou la fraction jointe au quotient, seraient moindres qu'ils ne doivent être, si l'on ne tenait compte des chiffres retranchés dans le dividende.

S'IL fait pratiquer la méthode abrégée, IL aura soin de développer l'instruction donnée à cet égard ; et montrera que cette méthode est la même que dans la division simple, avec cette différence que, dans celle-ci, chaque multiplication partielle se fait sur le diviseur entier, puisqu'il est un nombre simple, et que chaque soustraction partielle se fait sur tout le membre de division ; au lieu que, dans la composée, l'on n'opère que successivement sur chaque chiffre, soit du diviseur, soit du dividende partiel, attendu qu'il serait trop difficile d'opérer sur tous les rangs pris à la fois.

X X X Ve L e ç o n.

L'INSTITUTEUR pourra exercer les élèves sur les différentes définitions dont peuvent être susceptibles la MULTIPLICATION et la DIVISION, et, en les opposant l'une à l'autre, faire voir comment ces deux opérations sont inverses l'une de l'autre.

IL pourra faire faire aussi la même observation par rapport à ce qui se passe dans la pratique de ces mêmes opérations, et par rapport à leurs résultats, etc. Ainsi IL pourra présenter les comparaisons suivantes et autres analogues :

Dans la MULTIPLICATION l'on augmente un nombre; dans la DIVISION on le diminue.

Dans la MULTIPLICATION l'on augmente un nombre en l'ajoutant à lui-même un certain nombre de fois, ou en lui ajoutant d'autres nombres semblables à lui; dans la DIVISION l'on diminue un nombre en en retranchant un certain nombre de fois un autre nombre, ou bien en en ôtant d'autres nombres égaux entre eux.

Dans la MULTIPLICATION l'on prend un nombre autant de fois qu'un autre contient l'UNITÉ; dans la DIVISION l'on prend l'UNITÉ autant de fois qu'un nombre en contient un autre.

Dans la MULTIPLICATION le résultat de l'opération, c'est-à-dire le produit, doit contenir le multiplicande autant de fois que le multiplicateur contient l'UNITÉ, et le multiplicateur autant de fois qu'il y a d'unités dans le multiplicande ; dans la DIVISION le résultat, ou le quotient, doit contenir l'UNITÉ autant de fois que le dividende contient le diviseur, et le diviseur doit contenir l'UNITÉ autant de fois que le dividende contient le quotient; etc., etc.

L'INSTITUTEUR aura soin de développer ces comparaisons, et de les justifier par des exemples simples ; puis IL fera voir comment il résulte de là que la MULTIPLICATION et la DIVISION doivent naturellement se servir de preuve.

IL fixera particulièrement l'attention des élèves sur le principe qui sert de base à la preuve de la multiplication, et leur en fera faire l'application à divers exemples ; car il est très essentiel, pour la démonstration de cette preuve, qu'ils ayent de ce principe une idée claire et distincte, une connaissance certaine.

IL fera bien sentir la justesse des raisonnemens tendans à prouver que la division doit vérifier la multiplication, et fera voir, par des exemples, qu'il y a toujours le même rapport entre le PRODUIT et le MULTIPLICANDE.

qu'entre le MULTIPLICATEUR et l'UNITÉ ; et entre le PRODUIT et le MULTIPLICATEUR, qu'entre le MULTIPLICANDE et l'UNITÉ.

Relativement à la preuve de la multiplication, en divisant le produit par le multiplicateur, IL fera comprendre comment elle est une conséquence nécessaire du principe rappelé à cet égard, et montrera comment, d'après cela, la démonstration donnée pour la première est la même pour celle-ci.

Au moyen des raisonnemens qui sont présentés, dans la leçon, pour montrer que la multiplication peut être vérifiée par la division, IL prouvera que le quotient doit toujours être parfaitement égal au multiplicateur, dans un cas, et dans l'autre, au multiplicande ; et que, par conséquent, il y a erreur toutes les fois qu'il y a un reste de la division qui sert de preuve, lors même que le quotient est le nombre qu'on cherche ; car il est bien clair qu'alors le résultat de cette preuve est plus grand, que le nombre cherché, de tout le reste de la division.

XXXVIe. LEÇON.

Je n'ai pas sans doute besoin d'avertir L'INSTITUTEUR que les observations et explications applicables à la preuve de la division sont absolument du même genre que celles de la leçon précédente, et exigent de sa part des développemens, et des démonstrations analogues, mais surtout l'attention de faire bien saisir le principe qui sert de base, et de choisir toujours des exemples très-simples pour faire les applications

Il aura soin de bien expliquer, de faire bien concevoir la différence qui existe entre *le nombre tout entier qui était à diviser* et *le nombre seulement qui a été divisé*, pour montrer que le reste de la division, quand il y en a un, ne peut jamais faire partie de ce dernier, quoiqu'il fasse partie de l'autre, et que par conséquent il ne peut jamais être représenté par le produit de la preuve.

Il fera comprendre comment le nombre qui a été divisé contient et doit contenir tout juste le diviseur et le quotient autant de fois que l'un le marque pour l'autre ; et que ce nombre est conséquemment le même que serait la somme du diviseur pris autant de fois qu'il y a d'unités dans le quotient, ou de celui-ci pris autant de fois qu'il y a d'unités dans l'autre. Or, puisque le produit d'une multiplication n'est autre chose que la somme du multiplicande pris autant de fois qu'il y a d'unités dans le multiplicateur, il est évident que si l'on multiplie le diviseur par le quotient, ou celui-ci par le diviseur, le produit devra contenir tout juste l'un, autant de fois que le marque l'autre, et devra en conséquence être entièrement semblable au nombre qui a été divisé.

Quand L'INSTITUTEUR aura bien développé cette explication, IL s'assurera si elle a été saisie, et fera, pour cet effet, les questions suivantes, ou d'autres dans le même genre :

Pourquoi est-il dit (dans la leçon) *que le produit de la preuve doit être absolument le même nombre que le dividende entier, toutes les fois qu'il n'y a point eu de reste de division ?...,*

Pourquoi, quand il y a eu un reste, le produit de la preuve ne doit-il égaler le dividende qu'au reste près ?....

Pourquoi l'addition du reste au produit doit-elle donner un nombre parfaitement égal au dividende entier ?...

Pourquoi, etc., etc.?

Fin de la Première Partie.

OBSERVATIONS

POUR

LES INSTITUTEURS.

SECONDE PARTIE.

XXXVIIᵉ. Leçon.

L'INSTITUTEUR expliquera ce qu'on entend par *un* TOUT, *un* ENTIER; IL fera sentir l'identité entre *un* ENTIER, *un* TOUT, *un* NOMBRE, *une* QUANTITÉ, *une* GRANDEUR, relativement à ce que chacun de ces noms exprime un objet susceptible d'être divisé en deux ou plusieurs parties, et montrera que., sous ce rapport, l'UNITÉ doit être considérée comme *un* TOUT.

IL fera remarquer qu'*une chose* quelconque est *un* TOUT, et n'est jamais qu'*un* TOUT, soit qu'elle soit exprimée par un nom appellatif, ou par un nom collectif ; ainsi *une* PIERRE, *un* TAS DE PIERRES ; *une* POMME, *une* CORBEILLE DE POMMES ; *un* MOUTON, *un* TROUPEAU ; *un* GRAIN DE BLÉ, *un* SAC DE BLÉ ; *un* SOLDAT, *une* COMPAGNIE, *un* BATAILLON, *une* ARMÉE,

ARMÉE ; *un* ARBRE, *un* BOIS , *une* FORÊT ; *une* MAISON , *un* VILLAGE, *une* VILLE ; *une* UNITÉ, *une* DIXAINE, *une* CENTAINE, etc., etc. , sont autant de TOUTS.

IL fera connaître les différentes vérités , les axiomes reçus par rapport au TOUT comparé à ses parties, tels que ceux-ci :

Le TOUT *est plus grand que sa partie, et que plusieurs de ses parties , quand on ne les prend pas toutes.*

Le TOUT *est égal à toutes ses parties prises ensemble.*

Quand on a pris quelques parties d'un TOUT, *il est diminué d'autant.*

Quand on a pris une ou plusieurs parties d'un TOUT, *si on les lui rend , il redevient le même qu'auparavant.*

Mais je désirerais que L'INSTITUTEUR fît seulement les questions convenables , pour amener les élèves à trouver eux-mêmes ces vérités. Je prends même , de là, occasion de l'avertir que dorénavant sa tâche doit consister principalement à les exercer sur les connaissances qu'il doivent avoir prises, et sur celles qu'ils acquerront, à mesure qu'ils avanceront ; c'est-à-dire que L'INSTITUTEUR ne devra plus, pour ainsi dire, rien enseigner lui-même. Il aura soin cependant d'éclaircir, d'expliquer tout ce qu'il jugera ne devoir pas être compris facilement ; mais, pour tout le reste, pour les raisonnemens, pour l'application des principes antérieurs, IL se contentera de se faire rendre raison, de faire des questions, et devra les ménager de manière à ce que les élèves soient en quelque sorte inventeurs de ce qu'ils apprennent.

IL leur fera voir que, quand *un* TOUT, ou *une* UNITÉ, ou l'UNITÉ est divisée en deux ou plusieurs parties, chacune de ces parties, prise en particulier, devient à son tour *un* TOUT, *une* UNITÉ, parce qu'elle est aussi susceptible d'être divisée en parties moindres qu'elle.

IL fera voir, de plus, que ces nouvelles parties moindres peuvent également être divisées en plus ou moins d'autres parties plus petites ; ainsi de suite à l'infini.

IL fera voir encore que les parties d'*un* TOUT quelconque, étant réputées égales entr'elles, sont tout autant d'UNITÉS, si on les considère une à une ; car le mot UNITÉ signifie seulement *ce qui est* UN ; et que par conséquent on a raison de dire que l'UNITÉ est composée d'UNITÉS MOINDRES.

Relativement à ce qui est dit sur les parties de l'UNITÉ, lorsqu'elles sont inégales entre elles, IL fera comprendre qu'il serait impossible de les soumettre à des règles générales, puisque le nombre des parties peut varier à l'infini, et puisque la valeur respective de ces parties peut varier de même.

Supposons *un* TOUT partagé en *dix* parties : si l'une de ces parties vaut le *double* d'une autre ; si une troisième vaut *cinq fois* la 1re., et par conséquent *deux fois* et *demie* la seconde ; si une quatrième a une valeur encore différente; ainsi des autres; à quelle opération pourrait-on les assujettir ? quelle serait celle de ces parties qui devrait servir d'objet de comparaison pour fixer la valeur des autres ? Quelle qu'elle fût, il faudrait donc ramener toutes les autres à la valeur de celle-là, c'est-à-dire, voir ce que chacune des autres vaudrait par rapport à celle-là ; mais alors il y aurait plus ou moins de *dix* parties, et ce serait d'ailleurs rendre les parties égales. D'un autre côté, si l'on avait un ou plusieurs autres TOUTS divisés pareillement en *dix* parties inégales entr'elles, et différentes des *dix* premières, et si l'on voulait faire une ADDITION, *par ex*, on sent que cela serait, sinon impossible, au moins extrêmement difficile, et que ce serait encore pis pour d'autres opérations ; etc., etc.

IL fera concevoir comment *un* TOUT est divisible à l'infini, et comment, par cette raison, le nombre des parties peut varier de même.

Dans le reste de la leçon, IL exercera les élèves, soit à composer les noms des différentes unités fractionnaires, soit à savoir sur-le-champ assigner la valeur, par rapport à l'UNITÉ, d'une fraction quelconque, ainsi qu'à prendre une idée juste et précise du sens et de la définition du mot FRACTION, surtout de l'expression UNITÉS FRACTIONNAIRES, pour les préparer à ne pas la confondre avec celle de NOMBRES FRACTIONNAIRES dont il sera question dans la leçon suivante.

XXXVIII°. LEÇON.

Dans la XXXVII° leçon (*des élémens*), une FRACTION est définie *une partie de l'*UNITÉ, et dans celle-ci *un nombre quelconque d'unités fractionnaires*; or les élèves apprendront bientôt la raison de cette seconde définition. Mais L'INSTITUTEUR fera observer, quant à présent, que les parties de l'UNITÉ divisée sont appelées UNITÉS FRACTIONNAIRES, et que, puisqu'une fraction contient plus ou moins de ces parties, elle peut être considérée comme *un nombre* (quelconque) *d'unités fraction-naires*.

Il montrera comment la valeur des unités fractionnaires est déterminée par leur nombre, et l'espèce par la valeur.

D'après la signification des mots NUMÉRA-TEUR et DÉNOMINATEUR, et d'après la fonction de chaque terme, il fera trouver la définition de chacun, et reconnaître que le dénominateur n'est proprement qu'un nom d'espèce, mais surtout que c'est le numérateur qui constitue la fraction, puisque lui seul exprime le nombre qu'on prend des unités fractionnaires, c'est-à-dire, la partie qu'on prend du TOUT ou de l'UNITÉ.

Il fera remarquer l'explication donnée sur la signification propre des mots FRACTION et NOMBRE FRACTIONNAIRE, et fera voir qu'une fraction quelconque exprime, ou une seule, ou plusieurs unités fractionnaires ; mais que, dans ce dernier cas, les unités fractionnaires ne peuvent être que de la même espèce, et par conséquent égales entre elles ; au lieu qu'un NOMBRE FRACTIONNAIRE contient plusieurs espèces, puisqu'il contient plusieurs fractions.

Il fera bien faire aussi la distinction de NOMBRE FRACTIONNAIRE avec UNITÉ FRACTION-NAIRE.

Il expliquera comment la première définition du mot FRACTION fait supposer que le numérateur doit être moindre que le dénominateur, et comment il résulte de la seconde qu'il peut lui être égal, ou moindre, ou plus grand que lui.

IL aura soin de faire bien concevoir ce qui a lieu dans les trois cas, et fera faire des raisonnemens, ou au moins tirer des conséquences sur ce que doit être le numérateur à l'égard du dénominateur, dans les différens rapports du TOUT envers ses parties, ou des parties envers le TOUT.

Puisque le TOUT *est plus grand qu'une ou plusieurs de ses parties, comment doit être le numérateur, quand la fraction n'exprime qu'une ou quelques-unes des parties de l'*ENTIER *?*

Puisque le TOUT *est égal à toutes ses parties prises ensemble, comment doit être le numérateur quand la fraction contient l'*UNITÉ*, ou l'*ENTIER *une fois exactement ?*

Qu'arrive-t-il quand le numérateur est plus grand que le dénominateur ?

Qu'annonce une fraction où, etc., etc.

IL prouvera que, dans le troisième cas, la fraction contient l'UNITÉ autant de fois que le numérateur contient le dénominateur; et fera voir que, pour connaître ce nombre de fois, ou pour extraire les ENTIERS contenus dans cette fraction, ou ce qui revient au même, pour réduire cette fraction en ENTIER, il n'est besoin que de diviser le numérateur par le dénominateur ; d'où il fera conclure qu'une fraction peut être considérée comme une division, où le numérateur est dividende, et le dénominateur diviseur ; et réciproquement qu'une division peut être considérée comme une fraction, où etc.

Quoique, dans cette leçon et dans celles qui vont suivre, je m'exprime toujours de la même manière : il *expliquera*, il *prouvera* ; il *fera voir*, etc., L'INSTITUTEUR ne doit pas perdre de vue l'avertissement de la leçon précédente, et se souviendra d'employer toujours, autant qu'il sera possible, la MÉTHODE DE L'INVENTION.

XXXIXe. LEÇON.

L'INSTITUTEUR fera bien comprendre le sens de MÊME RAISON, MÊME RAPPORT, et montrera que cette expression AUGMENTER OU DIMINUER EN MÊME RAISON DEUX OU PLUSIEURS QUAN- TITÉS ne signifie pas *ôter ou ajouter autant de fois le même nombre*, mais *rendre deux ou plusieurs quantités plus grandes, ou plus petites, de telle manière, qu'elles ayent toujours la même valeur, l'une à l'égard de l'autre*. Et il pourra, dans cette vue, exercer les élèves sur l'identité de valeur entre une fraction quelconque, et celles dont les termes sont multiples ou sous-multiples de ceux de la première, comme $\frac{1}{2}$; $\frac{2}{4}$; $\frac{4}{8}$; $\frac{8}{16}$; etc; $\frac{18}{27}$; $\frac{6}{9}$; $\frac{2}{3}$; etc., etc., ou d'autres analogues.

Il fera voir que et comment le même nombre, ôté ou ajouté à deux quantités données, ne peut laisser le même rapport, que lorsque ces deux quantités sont égales.

Il prouvera, par des exemples, que la démonstration donnée sur deux nombres seulement (6 et 12) est la même pour plusieurs, et pour tous les nombres dans le même cas, quels qu'ils puissent être; ce qui ne saurait être autrement, puisque, dans plusieurs objets à comparer l'un à l'autre, la comparaison ne peut jamais porter que sur *deux* à la fois.

Il rappelera qu', en multipliant un nombre on l'augmente, et qu'en divisant on le diminue; et démontrera, toujours à l'aide des exemples, comment l'effet de la multiplication de deux nombres par le même, est nécessairement de les augmenter dans la même proportion, comme celui de la division de les diminuer de la même manière; d'où il fera conclure que, etc.

Il reviendra sur l'instruction de la leçon précèdente relativement aux trois cas où le numérateur peut se trouver par rapport au dénominateur, et fera observer que la valeur d'une fraction est déterminée par le numérateur, c'est-à-dire par le nombre qu'on prend des unités fractionnaires, des unités exprimées par le dénominateur; qu'ainsi cette valeur est d'autant plus grande que le numérateur contient plus de ces unités; c'est-à-dire que la valeur est plus ou moins grande, selon que le nombre numérateur approche plus ou moins du nombre dénominateur, dans les cas où la fraction est moindre que l'unité; et selon qu'il le surpasse plus ou moins, dans les cas où la fraction est plus grande que l'unité.

Par le moyen des exemples donnés ci-devant, ou d'autres analogues, il fera voir que deux ou plusieurs fractions ont la même valeur, quand les deux termes de l'une sont, entre eux, en même rapport que ceux de l'autre, parce qu'alors elles expriment une quantité égale, une égale partie de l'entier, et ont par conséquent le même rapport avec l'unité.

Il pourra faire observer, à ce sujet, que la valeur des unités fractionnaires est en raison inverse de leur nombre; c'est-à-dire que plus le nombre des unités fractionnaires est grand, ou ce qui revient au même, plus le dénominateur d'une fraction est un nombre considérable, plus la valeur de chaque unité fractionnaire, de chacune des unités de ce dénominateur, est petite, et réciproquement ; ou bien en d'autres termes : la valeur des unités fractionnaires augmente dans la même proportion que leur nombre diminue, et diminue dans la même proportion que leur nombre augmente. D'où il résulte que la valeur d'une fraction ne peut qu'être la même, toutes les fois que les deux termes sont augmentés ou diminués dans la même proportion; parce qu'alors, l'un gagnant autant que l'autre perd, ils ne peuvent manquer, étant pris ensemble, de représenter la même quantité; ce qui ne saurait être, dans aucun cas, si l'on ne changeait que l'un des deux termes, ou si on les changeait tous les deux, mais dans une proportion différente. Je répète trop souvent peut-être qu'il faut toujours des exemples, et des exemples simples, mais c'est pour que l'instituteur se pénètre bien que c'est le meilleur, et pour ainsi dire le seul moyen de faire comprendre les explications qu'il est dans le cas de donner.

Quant à la démonstration qui occupe le reste

de la leçon, elle n'exige que des éclaircissemens et le rappel des principes qui y sont relatifs.

XL*. L E Ç O N.

L'instruction de cette leçon étant fort développée, L'INSTITUTEUR n'aura, pour ainsi
dire, qu'à donner des explications pour faire
bien comprendre tout ce qu'elle renferme,
mais en ayant toujours soin de revenir aux principes, de se faire rendre raison des choses,
entr'autres, qu'IL soupçonnera n'être pas bien
saisies.

IL fera pratiquer, sur des nombres plus ou
moins considérables de semblables divisions
abrégées, et fera remarquer la conformité
entre cette manière et les autres, dans tout ce
qui regarde les dividendes partiels et les restes
de soustractions; comme aussi IL fera concevoir en quoi le but de cette méthode diffère
de celui des autres, c'est-à-dire comment,
dans les autres, l'on se propose de connaître
le nombre de fois que le diviseur est contenu
dans le dividende; au lieu que, dans celle-ci,
l'on veut connaître la valeur qu'aurait une des
parties du dividende, s'il était partagé en autant de parties égales qu'il y a d'unités dans
le diviseur. Mais IL s'attachera surtout à faire

bien sentir que, dans l'une ou l'autre des trois méthodes, le résultat ne peut qu'être le même.

X L I^e L e ç o n.

Cette leçon est dans le même cas que la précédente, et n'exige également que les développemens nécessaires.

L'INSTITUTEUR prouvera, par des exemples très-simples, que prendre la MOITIÉ, ou le TIERS, etc., d'un nombre, est la même chose, quant au résultat, que diviser ce nombre par 2, ou par 3, etc.

Relativement à ce que, dans une division à faire, l'on peut regarder le dividende et le diviseur comme les deux termes d'une fraction, IL fera voir que c'est le cas d'une fraction où le numérateur se trouve plus grand que le dénominateur, et qui par conséquent contient des ENTIERS; et IL prouvera que *prendre une partie du dividende, en le supposant partagé en autant de parties égales qu'il y a d'unités dans le diviseur,* ne diffère pas du tout, quant au résultat, de *prendre le dénominateur d'une fraction, dans le numérateur, autant de fois qu'il y est contenu;* ou bien, de *diviser le numérateur par le dénominateur.*

Iₗ fera bien concevoir aussi ce qui est établi sur les deux rapports sous lesquels on peut considérer le dénominateur d'une fraction quelconque.

Il y a une infinité d'autres instructions et explications à donner sur les fractions en général, car je n'ai fait qu'effleurer, pour ainsi dire, la matière ; et ʟ'ɪɴsᴛɪᴛᴜᴛᴇᴜʀ pourra s'y livrer, s'il le juge à propos. Pour ce qui est de moi, ce que j'ai exposé m'a paru devoir être suffisant. Je me serais même moins étendu à cet égard, si je n'avais eu pour objet d'exercer et former le jugement des élèves ; car ces connaissances pourraient, au moins en partie, être regardées presque comme superflues, puisqu'ils vont apprendre à faire, par le moyen des fractions décimales, tous les calculs dont ils peuvent avoir besoin.

XLIIᵉ. Leçon.

L'ɪɴsᴛɪᴛᴜᴛᴇᴜʀ interrogera les élèves sur l'instruction de la IXᵉ leçon (*des élémens,*) relativement à la ᴘʀᴏᴘᴏʀᴛɪᴏɴ ᴅᴇᴄᴜᴘʟᴇ, et ne les laissera prendre connaissance des fractions décimales que lorsqu'ils auront bien présent tout ce qui a rapport à cette proportion.

Iₗ rappelera comment la valeur et la déno-

mination des unités fractionnaires sont déterminées par le nombre de ces unités, et fera
voir, par l'effet de la PROPORTION DÉCUPLE
sur les NOMBRES ENTIERS, que, puisque cette
proportion est dans le rapport de 10, ou
100, ou 1000, etc. à 1, les unités fractionnaires décimales doivent également, si elles suivent la même proportion, être dans le rapport
de 10, ou 100, ou 1000, etc., à 1; qu'en conséquence leur dénominateur ne peut jamais
être que l'un de ces nombres. Mais IL aura
soin de ne pas laisser perdre de vue l'observation qu'il a dû faire faire dans une des leçons précédentes, et qui sera rappelée à la fin
de celle-ci, savoir : que *la valeur des unités
fractionnaires est en raison inverse de leur
nombre*; d'où il résulte que la PROPORTION
DÉCUPLE est DÉCROISSANTE, pour la valeur de
chaque unité fractionnaire, dans le même rapport qu'elle est CROISSANTE, pour le nombre
de ces unités; qu'ainsi la valeur est *neuf fois*
moindre que l'UNITÉ, quand le dénominateur
est 10; 99 *fois* moindre, quand il est 100;
etc., etc.

Il fera bien concevoir qu'un DIXIÈME est à
l'UNITÉ comme l'UNITÉ est à une DIXAINE, et
qu'en conséquence un chiffre mis à la suite
d'un NOMBRE ENTIER quelconque, ne peut

manquer d'exprimer des DIXIÈMES, tout comme quand il est mis à droite d'un zéro qui représente l'ENTIER, puisqu'alors il exprime, en vertu de la PROPORTION DÉCUPLE, des unités d'une valeur *neuf fois* moindre que celle du premier rang à sa gauche.

Il fera remarquer que, dans les DÉCIMALES, le mot RANG signifie bien, comme dans les ENTIERS, *la place qu'occupe un chiffre*, mais ne veut pas dire que l'ordre des rangs se prenne de la même manière. Il fera voir qu'au contraire cet ordre se prend ici en sens opposé de celui des ENTIERS, c'est-à-dire en allant de gauche à droite. Ainsi le *premier* rang, à droite de la virgule, est le *premier* des DÉCIMALES; celui qui le suit immédiatement est le *second*; ainsi de suite.

Il exercera les élèves sur le nombre ordinal du rang de chaque espèce d'unités fractionnaires décimales, ainsi que sur l'espèce qui appartient à tel ou tel rang, c'est-à-dire qu'IL devra les interroger à cet égard, jusqu'à ce qu'ils sachent répondre couramment à l'une et l'autre de ces deux questions :

Quel est (en ordre) *le rang de telle espèce?...... Quelle est l'espèce qui appartient à tel rang, ou qui est déterminée par tel rang?*

Pour leur procurer plus de facilité, IL pourra faire observer l'espèce de correspondance qui existe entre les rangs des DÉCIMALES et ceux des NOMBRES ENTIERS; c'est-à-dire comment, si l'on considère le rang des UNITÉS SIMPLES, seulement comme un point de départ, soit pour aller de gauche à droite, soit pour aller de droite à gauche, chaque rang des DÉCIMALES détermine autant de parties de l'UNITÉ, qu'une unité du même rang, dans les ENTIERS, vaut d'UNITÉS SIMPLES.

IL fera voir, en conséquence, que, sous ce rapport, le rang des DIXIÈMES répond à celui des DIXAINES, les CENTIÈMES aux CENTAINES, les MILLIÈMES aux MILLE, etc; et qu'ainsi, pour connaître le nombre d'ordre de tel ou tel rang de DÉCIMALES, ou l'espèce d'unités fractionnaires qui appartient à tel ou tel rang, il suffit de savoir quel est, dans les ENTIERS, le rang qui détermine l'espèce correspondante, ou quelle est l'espèce qui appartient au rang correspondant. Or, au moyen de la connaissance que les élèves doivent avoir, tant de l'ordre des tranches, que des espèces d'unités qui entrent dans chacune, il ne leur sera pas difficile de savoir assigner le rang par l'espèce, et l'espèce par le rang. Il faudra seulement qu'ils n'oublient pas que, dans

cette

cette hypothèse, le rang des DIXAINES devient le 1er; celui de CENTAINES, le 2e.; celui des MILLE, le 3e.; ainsi de suite.

XLIIIe. LEÇON.

L'INSTITUTEUR s'assurera si les élèves savent, c'est-à-dire se rappellent pourquoi, dans un NOMBRE ENTIER, le chiffre le plus à gauche doit toujours être significatif; et comment, si l'on ne remplissait pas, par o, chaque rang qui ne doit pas être occupé par un chiffre significatif, le nombre à exprimer en chiffres serait, en PROPORTION DÉCUPLE, diminué à raison du nombre des rangs qui se trouveraient supprimés.

Il fera voir que, dans les ENTIERS comme dans les DÉCIMALES, pour que le nombre des unités de chaque espèce puisse se trouver dans le rang qui convient à cette espèce, il faut absolument que chacun des rangs, qui précèdent le dernier, soit rempli, ou par un chiffre significatif, ou par un zéro; d'où résulte la nécessité, pour les ENTIERS, de remplir chaque rang à droite du dernier, parce que l'ordre des rangs s'y prend de droite à gauche; et, pour les DÉCIMALES au contraire, les rangs à gauche, parce que l'ordre des rangs s'y prend de gauche à droite.

G

Mais ɪʟ fera remarquer aussi que, quoiqu'il soit établi dans la leçon que, dans les ᴅᴇᴄɪᴍᴀʟᴇꜱ, les rangs à gauche doivent *indispensablement* être remplis par des zéros, cela ne veut pas dire qu'on ne puisse pas mettre un ou plusieurs zéros à droite du dernier chiffre significatif; car ils verront, dans la leçon suivante, qu'on peut, sans changer la valeur d'une fraction décimale, lui ajouter autant de zéros qu'on veut.

Iʟ se fera rendre raison comment, si l'on supprimait des rangs de décimales, le nombre des unités fractionnaires serait diminué à raison du nombre des rangs supprimés, et comment la valeur de la fraction serait augmentée en même raison.

Iʟ fera observer que chaque rang des décimales détermine exclusivement une espèce d'unités fractionnaires, et fera dire pourquoi, dans une fraction décimale qu'on exprime en chiffres, le dernier chiffre du nombre à représenter, doit occuper le rang auquel appartient l'espèce des unités fractionnaires.

Iʟ montrera comment le nombre des rangs d'une fraction décimale est déterminé, mais d'après la ᴘʀᴏᴘᴏʀᴛɪᴏɴ ᴅᴇᴄᴜᴘʟᴇ, par l'espèce des unités fractionnaires, et comment il résulte de là qu',en connaissant le nombre ordinal du rang de chaque espèce, on connaît aussi le nombre de rangs qu'exige une fraction décimale quelconque.

Dans le reste de la leçon, ɪʟ n'aura que des développemens à donner, pour faire bien comprendre ce qui y est exposé, et à exercer les élèves à exprimer en chiffres, ainsi qu'à énoncer toutes sortes de fractions décimales, mais par application des principes, jusqu'à ce qu'ils en soient bien pénétrés.

S'ɪʟ leur a fait remarquer l'espèce de correspondance, dont j'ai parlé dans la leçon précédente, entre les rangs des ᴅᴇ́ᴄɪᴍᴀʟᴇs et ceux des ɴᴏᴍʙʀᴇs ᴇɴᴛɪᴇʀs, cette connaissance pourra les aider à savoir exprimer en chiffres une fraction décimale quelconque, ou du moins à trouver promptement le nombre de rangs qu'elle exige; car quand on sait, *par ex,* qu'il faut *quatre* rangs (de plus que celui des ᴜɴɪᴛᴇ́s sɪᴍᴘʟᴇs) pour exprimer des ᴅɪxᴀɪɴᴇs ᴅᴇ ᴍɪʟʟᴇ, l'on sait bientôt qu'il faut *quatre* rangs de ᴅᴇ́ᴄɪᴍᴀʟᴇs pour exprimer des ᴅɪx-ᴍɪʟʟɪᴇ̀ᴍᴇs; ainsi des autres.

Iʟ aura soin d'expliquer et faire concevoir, par le moyen de plusieurs exemples, comment dans une fraction décimale exprimée par plus d'un chiffre significatif, la valeur est la même, soit qu'on l'énonce comme une fraction, ou comme un nombre fractionnaire.

XLIVe. Leçon.

L'INSTITUTEUR fera remarquer qu'une fraction décimale exprimée en chiffres ne présente que son numérateur, et que ce numérateur est décuplé quand on lui ajoute un zéro. Or ce numérateur ne peut pas être décuplé, sans que son dénominateur le soit aussi; car le nombre des unités fractionnaires est, à chaque nouveau rang ajouté à la fraction, augmenté en raison décuple. Donc, en ajoutant à une fraction décimale un ou plusieurs zéros, on augmente également les deux termes, et l'on produit par conséquent le même effet que lorsqu'on ajoute, aux deux termes d'une fraction non-décimale, un égal nombre de zéros. IL rendra cela sensible par le moyen de quelques exemples.

IL fera comprendre comment ce qui est établi, relativement aux zéros en décimales ajoutés à un NOMBRE ENTIER, est une suite nécessaire de la PROPORTION DÉCUPLE. IL fera voir que les zéros qu'on ajoute, dans ces cas, ne font autre chose que changer le nombre entier en une fraction, où le numérateur est égal au dénominateur, ou plus grand que lui, et qui par conséquent contient des ENTIERS (XXXVIII° leçon *des élémens*) ; mais que le nombre des ENTIERS contenus dans cette fraction ne peut jamais être qu'égal au nombre entier-lui-même.

IL prouvera ces vérités par des exemples, et les appuiera de raisonnemens convenables pour faire conclure que l'on peut toujours convertir en fraction non-décimale, de la même valeur, un nombre entier quelconque, en donnant à celui-ci l'UNITÉ pour dénominateur. La FRACTION $\frac{4}{1}$ est égale en valeur au NOMBRE ENTIER 4. Ainsi des autres.

X L V° L E Ç O N.

Il n'y a pas d'observations particulières pour cette leçon. L'INSTITUTEUR fera voir seulement comment la valeur est égale entre les différens nombres fractionnaires que l'on peut former de la fraction o, 3045, et que la valeur de cette fraction est la même que celle de chacun d'eux.

IL aura soin, au reste, d'expliquer ce qui exigera de l'être, notamment le sens de ces expressions : *identité rigoureusement exacte; identité approximative ; identité rigoureuse,* etc.

G 3

XLVIe. Leçon.

Comme cette leçon est fort développée, et comme les démonstrations dont elle seroit susceptible seront données par la suite, toute la tâche de l'INSTITUTEUR se réduit à des explications, ou aux questions convenables pour s'assurer si les élèves saisissent bien tout, et s'ils savent faire à propos l'application des principes. En conséquence, IL fera rendre raison pourquoi, *par ex., lorsque le quotient n'exprime que des* CENTIÈMES, *il faut remplir par* 0 *le rang des* DIXIÈMES?..... *Pourquoi, lorsqu'il n'y a pas d'*ENTIERS, *il faut un* 0 *à gauche de la virgule?.... Pourquoi il faut mettre un* 0 *au quotient, toutes les fois que l'addition d'un zéro au numérateur ne lui fait pas contenir le dénominateur?.... Pourquoi etc., etc.*

IL pourra aussi, indépendamment de la démonstration qui sera donnée dans la XLVIIe. leçon, faire voir comment le résultat de chaque réduction d'une fraction non-décimale ne peut présenter que la valeur de cette fraction.

Pour cet effet, IL commencera par s'assurer si les élèves ont présentes à l'esprit, 1°. l'ins-

truction contenue dans la **XXXIX**e. leçon
(*des élémens*); 2°. celle de la **XLI**e. leçon
portant qu'*une fraction est à l'*unité* comme
le numérateur au dénominateur.*

Il établira de plus que les termes d'une
fraction ne peuvent pas être en même rapport
que ceux d'une autre, sans qu'il y ait, entre
les numérateurs, le même rapport qu'entre
les dénominateurs ; de sorte que l'identité de
rapport entre les termes d'une fraction et
ceux d'une autre entraîne nécessairement
l'identité de rapport entre les deux numérateurs et les deux dénominateurs, et l'identité
de valeur entre les deux fractions, ou réciproquement ; car deux fractions ne peuvent
pas se trouver dans l'un de ces trois cas, sans
être en même-tems dans les deux autres.
Ainsi ce qui est démontré pour l'un doit être
regardé comme démontré pour les autres. Or
il résulte de là que deux fractions ont la
même valeur, toutes les fois qu'il y a le même
rapport entre les termes de l'une qu'entre ceux
de l'autre, et le même entre les numérateurs
qu'entre les dénominateurs.

Il montrera ensuite que la conversion qui
s'opère par la réduction ne fait qu'augmenter
en même raison les deux termes de la fraction
non-décimale, et que par conséquent la valeur
ne change pas. **G 4**

Il donnera la preuve de cette vérité dans quelques exemples simples de réductions qu'il fera pratiquer, et sur ceux qui sont proposés dans la leçon.

Ainsi, sur le 1.er, il fera voir que, dans la fraction 0,8 ($\frac{8}{10}$), les deux termes de la fraction $\frac{4}{5}$ sont doublés, et par conséquent augmentés en même raison.

Dans le 2.e, il montrera que la fraction 0,0625, ou $\frac{625}{10000}$ est égale en valeur à $\frac{32}{512}$, puisqu'il y a le même rapport entre 625 et 10000 qu'entre 32 et 512, et le même entre 625 et 32 qu'entre 10000 et 512.

Il prouvera ces deux vérités en divisant ou faisant diviser, d'abord 10000 par 625, et 512 par 32, car chacune de ces divisions donnera pour quotient 16 sans aucun reste ; puis 10000 par 512, et 625 par 32. Les quotients de ces deux dernières seront : l'un 19 $\frac{272}{512}$, l'autre 19 $\frac{17}{32}$, qui sont les mêmes, à la fraction près. Mais ces deux fractions ont, d'après ce qui a été dit plus haut, la même valeur ; car il y a le même rapport entre 272 et 17 qu'entre 512 et 32, et le même entre, etc. Ces deux quotients sont donc parfaitement égaux. Donc, dans la réduction, les deux termes de la fraction $\frac{32}{512}$ ont été augmentés en même raison. Donc les deux nombres produits par cette augmentation sont entr'eux en même rapport que les deux premiers. Donc la fraction $\frac{625}{10000}$, c'est-à-dire la fraction décimale 0,0625, a la même valeur que la fraction non-décimale $\frac{12}{192}$.

Sur le 3e. exemple, l'INSTITUTEUR fera voir que 8 est à 832, comme 9667 à 1000000, puisque 8 est contenu 104 *fois* dans 832, comme 9607 dans 1000000. Mais IL fera observer que, comme la réduction n'a pas été faite complétement, la proportion ne peut pas être rigoureusement exacte. Aussi trouvera-t-on que 8 est contenu précisément 104 *fois* dans 832, au lieu que 1000000 contient 104 *fois* 9607, mais avec un excédant qui est 872. Or IL démontrera, en continuant la réduction, que cette différence, ou cet excédant, diminue à mesure qu'on poursuit, parce qu'on approche toujours plus de l'identité parfaite; d'où il résulte qu'il finirait par être nul, si, comme dans l'exemple précédent, l'on parvenait à une réduction complète.

XLVIIe. LEÇON.

L'INSTITUTEUR s'assurera si les élèves se rappellent l'instruction de la XXXVIIIe. leçon (*des élémens*), sur les trois cas où le numérateur peut se trouver par rapport au dénominateur; et s'ils savent par conséquent comment une fraction contient des ENTIERS, quand ce premier terme est plus grand que le second.

IL expliquera comment il est impossible de représenter, en DÉCIMALES, la valeur d'*une seule* UNITÉ ENTIÈRE, et fera voir que c'est une suite nécessaire de la PROPORTION DÉCUPLE ; puisque, d'après elle, chaque rang de décimales peut contenir tout au plus 9 *dixièmes* d'une unité du rang le plus voisin à gauche. D'où il résulte que le 1er. rang, *par ex.*, de décimales peut contenir tout au plus 9 *dixièmes* de l'UNITÉ ; le 2e. rang, 9 *dixièmes* d'un DIXIÈME, ou 99 *centièmes* de l'UNITÉ ; le 3.e, 9 *dixièmes* d'un CENTIÈME ou 99 *centièmes* d'un DIXIÈME, ou 999 *millièmes* de l'UNITÉ ; etc., etc. IL fera donc comprendre que, même en remplissant par le chiffre 9 chaque rang de décimales, on ne pourrait jamais exprimer *un seul* ENTIER, puisqu'alors la fraction vaudrait toujours, de moins que l'ENTIER, *une unité* du dernier des rangs employés ; à plus forte raison si les rangs étaient remplis par tout autre chiffre.

Bien entendu qu'IL devra faire pratiquer des réductions, en décimales, de fractions non-décimales contenant des ENTIERS.

IL rappelera les points d'instruction indiqués dans la leçon précédente, et en dé-

duira les raisonnemens ou les questions nécessaires pour faire concevoir comment, pour
que la fraction décimale obtenue par la
réduction ait la même valeur que la première fraction, il faut que le numérateur de
celle-là soit à son dénominateur, comme le
numérateur de l'autre est au sien ; et comment par ce moyen les deux fractions ont
le même rapport avec l'unité.

Il fera observer que la fraction $\frac{4}{5}$ vaut les
quatre cinquièmes de l'unité, et que la fraction décimale o, 8 ($\frac{8}{10}$), quoique ses deux
termes soient différens de ceux de la première,
a précisément la même valeur, puisque les
deux termes de cette première ont été augmentés en même raison. Or il prouvera, par
d'autres exemples, qu'il en est de même dans
toutes les réductions, quelque différence qu'il
y ait entre les termes de la fraction décimale
et ceux de l'autre, parce que, dans tous les
cas, les deux termes de celle-ci se trouvent,
par l'effet de la réduction, augmentés en même
raison.

Il rappelera aussi l'observation qu'il a dû
faire dans une des leçons précédentes, savoir : qu'*un nombre entier, auquel on donne
l'unité pour dénominateur, est converti en
fraction sans changer de valeur* ; d'où il

fera conclure que la fraction $\frac{80}{10}$, a la même
valeur que le nombre entier 8, et prouvera
ensuite que l'un et l'autre de ces nombres
valent *dix fois* autant que $\frac{8}{10}$.

Il expliquera le sens du mot *arbitrairement;*
puis IL montrera que, quand on augmente
un dividende, sans rien changer au diviseur,
le quotient doit nécessairement se trouver
augmenté en même raison ; et qu'ainsi, lorsque le dividende a été décuplé, le quotient
doit être décuple de ce qu'il aurait été, si
l'on eût fait la division sans augmenter le
dividende.

IL fera voir ensuite que si, après avoir augmenté, dans un rapport donné, un nombre
quelconque, on diminue, dans le même rapport, la valeur des unités de ce nombre
ainsi augmenté, la quantité exprimée par celui-
ci ne pourra qu'être égale à celle qui est
exprimée par l'autre.

Supposons le nombre 2 exprimant des EN-
TIERS : si l'on double *par ex.*, ce nombre, sans
rien changer à l'espèce des unités, il devien-
dra 4, et exprimera 4 ENTIERS. Mais si l'on diminue, dans le même rapport, la valeur des
unités, il n'exprimera que 4 MOITIÉS ; quantité qui, comme l'on voit, est égale à deux
ENTIERS.

Or l'INSTITUTEUR fera tirer de là cette conséquence que, quand le quotient a été *décuplé*, si l'on diminue ensuite en PROPORTION DÉCUPLE la valeur de ses unités, c'est-à-dire, si de ses unités on fait des DIXIÈMES, lorsqu'elles devraient être des ENTIERS, la quantité exprimée alors par le quotient sera parfaitement égale à celle qu'il aurait représentée, s'il n'eût pas été *décuplé*. On sent qu'il en sera de même si le quotient, après avoir été *centuplé*, est mis au rang des CENTIÈMES; etc.

Pour ce qui est de la démonstration de l'identité de valeur entre les deux fractions, l'INSTITUTEUR a dû la donner dans la leçon précédente, et IL pourra exercer de nouveau les élèves dans l'application des principes sur lesquels elle est appuyée.

XLVIIIe. LEÇON.

L'INSTITUTEUR fera répéter aux élèves ce qui a été enseigné sur la nature des FRACTIONS et sur les UNITÉS FRACTIONNAIRES, parce que, s'ils en ont pris des idées justes et précises, ils concevront très-facilement ce que c'est qu'une FRACTION DE FRACTION.

IL rappellera que c'est le numérateur qui constitue proprement la fraction, en ce qu'il exprime la partie qu'on prend de l'UNITÉ, et

fera observer que ce terme peut indifféremment contenir une seule unité fractionnaire,
ou plusieurs ; mais que, quel que soit le nombre qu'il en contient, ce nombre, pris en
masse, ne forme qu'une QUANTITÉ ; d'où il
résulte que plusieurs unités fractionnaires sont,
de la même manière qu'une seule, susceptibles d'être partagées en un plus ou moins grand
nombre de parties, et peuvent par conséquent
produire de même des fractions.

Pour que les élèves puissent prendre d'une
FRACTION DE FRACTION une idée bien précise,
IL leur dira de ne voir, dans la fraction dont
on prend une fraction, que la quantité qu'elle
représente ; c'est-à-dire d'oublier en quelque
sorte que c'est une FRACTION, et de la regarder simplement comme une QUANTITÉ, comme
un TOUT, dont on prend une partie. IL fera
voir que c'est la même chose pour une FRAC-
TION DE FRACTION, DE FRACTION etc., et comprendre comment ces subdivisions de l'UNITÉ
pourraient aller à l'infini.

IL fera bien saisir la manière d'opérer la réduction, à une seule fraction, des membres
ou fractions qui composent une FRACTION DE
FRACTION quelconque, et fera pratiquer plusieurs de ces réductions, puis convertir en décimales.

Il fera observer que, quoique les fractions ou membres qui composent une FRACTION DE FRACTION DE FRACTION, etc., soient dans un ordre déterminé, il n'est pas nécessaire de suivre cet ordre dans les multiplications ; parce que leur résultat, c'est-à-dire le produit de la dernière multiplication, ne peut qu'être le même, soit qu'on ait commencé par les deux premières fractions, ou par les deux dernières, ou par quelles autres que ce puisse être, puisque ce résultat est toujours produit par la multiplication des mêmes nombres. Il aura soin de justifier par des exemples cette vérité.

Il fera remarquer aussi, relativement à l'ordre de ces fractions, que cet ordre est en sens inverse de celui dans lequel elles sont écrites ou énoncées ; c'est-à-dire que la fraction la plus à droite est la *première* ; celle qui vient ensuite, la *seconde* ; ainsi en suivant. Il fera comprendre qu'il ne peut en être autrement ; car chacune de ces fractions, quel qu'en soit le nombre, appartient exclusivement à celle qui est à sa droite, puisqu'elle est une partie de la quantité exprimée par celle-ci. Ainsi la 1re. de ces fractions, ou la plus à droite, est une partie directe de l'UNITÉ ; la 2e. une partie de la 1re. ; la 3e. une partie de la 2e. ; ainsi de suite.

Il apprendra qu'on entend, par FRACTIONS DE FRACTIONS ENTIÈREMENT DÉCIMALES, celles où les dénominateurs, des fractions qui composent les fractions de fractions, sont en PROPORTION DÉCUPLE entr'eux, et par rapport à l'UNITÉ.

Il fera bien concevoir tout ce qui est relatif à la démonstration de l'identité de valeur, entre la fraction résultante de la réduction, et la fraction de fraction qu'elle représente; et comme cette démonstration est fondée principalement sur l'instruction de la XXXIX leçon, IL devra ramener les élèves à ces principes, et en faire faire l'application.

Il fera voir que le résultat de la réduction qui s'opère sur deux fractions, est toujours le même que si l'on multipliait les deux termes de l'une par le dénominateur de l'autre (ce qui donnerait une nouvelle fraction de même valeur que la première, puisque les deux termes auraient été multipliés par le même nombre), et si l'on ôtait ensuite à cette nouvelle fraction, c'est-à-dire si l'on prenait à son numérateur (on sait que c'est ce terme qui constitue la fraction, et que le dénominateur est simplement un nom d'espèce); si l'on prenait, dis-je, à son numérateur la quantité détermination, minée par la fraction dont le dénominateur a servi de multiplicateur).

Ainsi, dans la fraction de fraction $\frac{3}{4}$ de $\frac{7}{8}$, si je multiplie par le dénominateur 4 les deux termes de la fraction $\frac{7}{8}$, j'aurai la nouvelle fraction $\frac{28}{32}$ qui est égale à $\frac{7}{8}$, de sorte qu'en prenant, au numérateur de cette nouvelle fraction, la quantité déterminée par la fraction de la fraction $\frac{7}{8}$, c'est-à-dire par la fraction $\frac{3}{4}$, je prendrai les TROIS QUARTS de $\frac{7}{8}$, et j'aurai par conséquent un résultat égal en valeur à la fraction de fraction $\frac{3}{4}$ de $\frac{7}{8}$. Or, en prenant les TROIS QUARTS ou *trois fois* LE QUART du numérateur 28 $\left(\frac{28}{32}\right)$, je trouve 21 $\left(\frac{21}{32}\right)$, qui exprime les TROIS QUARTS de $\frac{28}{32}$ ou de $\frac{7}{8}$, et qui est entièrement semblable au résultat de la réduction.

Bref IL fera comprendre que la réduction a le même effet que si l'on multipliait, par le même nombre, les deux termes de la fraction dont on prend une fraction, et si l'on prenait ensuite, à cette nouvelle fraction, la même quantité que celle qui est déterminée par la fraction de la fraction. Mais IL fera observer que, quoique l'on pût, sans changer la valeur de la fraction multiplicande, multiplier ses deux termes par un nombre quelconque, il arriverait le plus souvent, si l'on prenait un multi-

H

plicateur arbitraire, qu'on ne pourrait pas ensuite exprimer, par une seule fraction, la fraction de fraction toute entière ; au lieu que cet
inconvénient ne peut jamais avoir lieu, quand
on prend, pour multiplicateur, le dénominateur de la fraction de fraction. L'INSTITUTEUR
développera ces différentes vérités, et les prouvera par des exemples.

IL fera remarquer en outre que, quoique,
d'après l'explication ci-dessus, il paraisse que,
dans une fraction de fraction à réduire, l'on
doit faire, de la fraction dont on prend une
fraction, le multiplicande, cependant on peut
indifféremment prendre pour multiplicande
l'une ou l'autre, parce que le résultat est toujours le même.

Il y a plus : c'est que l'on peut, sans changer la valeur d'une fraction de fraction quelconque, intervertir l'ordre des membres ou
fractions qui la composent. En effet $\frac{7}{8}$ de $\frac{3}{4}$ expriment la même quantité que $\frac{3}{4}$ de $\frac{7}{8}$.... La
fraction de fraction de fraction $\frac{2}{3}$ de $\frac{1}{2}$ de $\frac{3}{4}$ a
la même valeur que $\frac{1}{4}$ de $\frac{2}{3}$ de $\frac{1}{2}$, ou $\frac{1}{4}$ de $\frac{1}{2}$
de $\frac{2}{3}$, ou $\frac{1}{2}$ de $\frac{2}{3}$ de $\frac{3}{4}$, ou $\frac{1}{2}$ de $\frac{1}{4}$ de $\frac{2}{3}$, ou $\frac{2}{3}$ de
$\frac{1}{4}$ de $\frac{1}{2}$. Il en est ainsi de toutes les autres.

IL fera concevoir aussi comment, quel que
soit le nombre des fractions qui composent
une fraction de fraction, la réduction, par

les multiplications, ne s'opère jamais que sur *deux* fractions à la fois ; et comment par conséquent la démonstration, donnée sur une fraction de fraction composée de *deux* membres seulement, peut s'appliquer à toute autre composée d'un plus grand nombre.

XLIXe. LEÇON.

Cette leçon, étant une explication très-détaillée de ce qui avait été avancé dans la XLVIe. (*des élémens*), n'exige de la part de L'INSTITUTEUR que de faire bien comprendre ce qu'elle renferme, et de faire pratiquer des réductions sur des fractions prises au hasard, et sur d'autres ayant pour dénominateur des multiples de 3 ou de 7.

IL fera seulement remarquer que, dans les cas où la réduction ne peut être complète, et dans ceux où elle ne le serait qu'après plusieurs divisions, plus on pousse la réduction, plus on approche de la valeur de la fraction à transformer ; ou, ce qui revient au même, plus la différence entre les deux fractions diminue. De sorte qu',après un grand nombre de divisions, cette différence est réduite à bien peu do chose, et peut par conséquent être négligée.

Mais IL aura grand soin de faire observer

que cette différence, quoique déterminée successivement par le reste de chaque division, ne s'évalue pas par chaque reste comparé au reste précédent, d'après le *nombre* de ses unités, mais d'après l'*espèce* de ces unités; car le reste d'une de ces divisions, autres que la première, peut fort bien être, et est même très-souvent plus grand, par le *nombre*, que celui ou ceux qui l'ont précédé, mais il est toujours d'une moindre valeur, relativement à l'*espèce* de ses unités. Il est en effet bien évident que le reste, quel qu'il puisse être, de l'une de ces divisions, est toujours d'une valeur moindre qu'une seule unité du rang qui précède dans le quotient; et moindre par conséquent que le reste, quel qu'il soit, de la dernière division, puisque ce reste est un nombre d'unités de ce rang précédent; à plus forte raison si on le compare (le premier reste) avec celui d'une division plus antérieure. L'INSTITUTEUR pourra aussi faire voir que c'est absolument la même chose que ce qui se passe dans une division de nombres entiers.

Il fera comprendre, relativement au 2e. cas des fractions non réductibles complètement, comment la période des mêmes chiffres doit revenir, quand le reste d'une division est le même que celui de l'une des divisions

antérieures ; et fera en conséquence remarquer
que ce reste, joint au zéro qu'on lui ajoute,
forme, pour la division suivante, le même
dividende que celui qui a suivi la même division antérieure ; d'où il résulte que cette division suivante doit donner le même quotient
et le même reste que celle qui a suivi l'autre,
puisque c'est aussi toujours le même diviseur ;
ensorte que ce n'est qu'une répétition des
mêmes divisions, qui ne peuvent, par conséquent, donner que les mêmes résultats.

L.e LEÇON.

L'INSTITUTEUR fera faire quelques raisonnemens sur la nature des FRACTIONS DÉCIMA-
LES, et sur la valeur respective des unités
fractionnaires déterminées par tel ou tel rang,
pour prouver que ces fractions doivent être
regardées comme une suite des NOMBRES EN-
TIERS, et que, puisque ceux-ci sont calculés
d'après leur rapport décimal, elles peuvent
être calculées de la même manière, soit entre
elles, soit à l'égard des entiers, et être par
conséquent soumises aux mêmes règles.

IL se fera rendre raison pourquoi, dans l'AD-
DITION et la SOUSTRACTION des nombres entiers,
chaque rang ou chaque espèce d'unités doit

être placé dans sa colonne ; afin de faire sentir la nécessité de placer de même chaque rang des décimales, et par suite les virgules.

Il s'assurera si les élèves ont présente à l'esprit l'instruction de la XLIVe leçon (*des élémens*) sur l'effet que produisent un ou plusieurs zéros ajoutés à une fraction décimale, ou en décimales à un nombre entier.

Il aura soin aussi de faire comprendre l'explication sur la manière de reconnaître la plus grande de deux fractions, et montrera pourquoi celle-là est plus grande qui, selon l'ordre des rangs, a, dans un rang égal, un chiffre plus grand ; ou qui, toutes choses égales d'ailleurs, a un chiffre significatif de plus.

L I^e. L e ç o n.

L'instituteur fera bien comprendre que la manière dont on écrit les deux facteurs, pour la multiplication des décimales, ne ressemble à celle qui est employée dans les entiers que relativement à ce qu'on y observe l'ordre des rangs, en allant de droite à gauche, mais non pas relativement à l'espèce des unités des rangs qui se trouvent dans la même colonne. Il fera remarquer que, dans les entiers, l'ordre des rangs, étant pris de droite à gauche,

emporte nécessairement, pour chaque colonne, l'identité d'espèce d'unités, ou réciproquement ; mais que, par la raison contraire,
c'est-à-dire parce que l'ordre des rangs se
prend de gauche à droite, il ne peut en être
ainsi, dans les décimales, que lorsque les
deux facteurs ont un égal nombre de rangs
fractionnaires.

Il aura soin de rappeler, au besoin, les
principes établis pour la multiplication des
nombres entiers.

. Il rappelera aussi l'instruction de la XIII°.
leçon (*des élémens*) sur la VALEUR ABSOLUE
et la VALEUR RELATIVE des chiffres, de même
que celle de la XXX°. leçon sur celle de ces
valeurs qui est considérée dans le calcul ; et
fera voir qu'il résulte, de celle-ci, que la multiplication des décimales peut être pratiquée
de la même manière que celle des nombres
entiers. En effet, si le calcul porte uniquement
sur la VALEUR ABSOLUE des chiffres, peu importe que ceux, sur lesquels on opère, expriment des entiers ou des décimales ; car le produit de chaque multiplication partielle ne peut
jamais, comme nombre proprement dit, être
que le même dans les deux cas.

Je répète encore qu'il faut toujours des exemples, et que L'INSTITUTEUR doit, autant qu'il

est possible, se borner à des questions, à des raisonnemens ; bref, à faire trouver par les élèves ce qu'il veut leur apprendre.

Il demandera par quelle raison o multiplicateur ne peut jamais produire que o.

Il démontrera la différence qui résulterait, pour le produit total, de la suppression entière des produits particuliers de la multiplication par les zéros à gauche dans le multiplicateur ; et fera voir comment, dans les cas dont il s'agit, le produit de la multiplication, par le zéro le plus voisin des chiffres significatifs, ne peut donner, au produit total, un rang de plus, que lorsqu'il n'y a pas eu de chiffre avancé dans le produit précédent ; et comment il faut par conséquent un zéro de moins, lorsqu'il y a eu un chiffre avancé.

Il fera bien concevoir tout ce qui a rapport à la 2e. manière d'abréger ces multiplications, et fera observer qu'elle ne diffère de la 1re. qu'en ce que, dans celle-ci, les zéros nécessaires sont ajoutés *deux fois*, au lieu que, dans la 2e., ils ne le sont qu'*une fois*.

Il aura soin d'expliquer aussi ce qui regarde la suppression des produits partiels de la multiplication des zéros à gauche dans le multiplicande, et de montrer que cette suppression ne peut rien changer au produit total.

LIIe. Leçon.

L'INSTITUTEUR aura soin d'expliquer tout ce qui est relatif à la multiplication abrégée dans les cas où le multiplicateur est 10, ou 100, ou 1000, etc; et de faire concevoir comment la transposition de la VIRGULE, sur la droite, procure un résultat égal, en valeur, au produit qu'on obtiendrait par la multiplication ordinaire.

En conséquence, IL fera les questions convenables pour rappeler : 1°. que l'effet de la multiplication est d'augmenter le multiplicande à raison du nombre des unités du multiplicateur ; qu'ainsi le multiplicande doit être rendu 10 *fois* aussi grand, quand le multiplicateur est 10 ; 100 *fois*, quand le multiplicateur est 100 ; 1000 *fois*, quand il est 1000, etc ; et que par conséquent, dans une multiplication quelconque, où le multiplicateur est 10, ou 100, ou 1000, etc., la valeur du produit doit représenter 10 *fois*, ou 100 fois, ou 1000 *fois*, etc., celle du multiplicande.

2°. Que chaque chiffre augmente de valeur en PROPORTION DÉCUPLE, à raison du nombre des rangs qu'il gagne à gauche ; qu'ainsi, pour avoir le produit d'un nombre multiplié par 10, il suffit d'avancer d'*un* rang chaque chiffre du multiplicande ; d'avancer de *deux* rangs, quand le multiplicateur est 100, etc; et IL fera voir que c'est-là ce qu'on exécute en reculant la VIRGULE, puisqu'alors chaque chiffre non-seulement des ENTIERS, s'il y en a, mais encore des DÉCIMALES, s'il en reste, est avancé d'autant de rangs que la VIRGULE a été reculée.

En effet, quand la VIRGULE a été reculée d'*un* rang, les DIXIÈMES sont devenus des UNITÉS SIMPLES, et par une suite nécessaire les UNITÉS sont devenues des DIXAINES, les DIXAINES des CENTAINES, ainsi de suite. Par la même raison, les CENTIÈMES sont devenus des DIXIÈMES, les MILLIÈMES des CENTIÈMES, etc. D'où il résulte que tout le multiplicande a été decuplé, et que par conséquent la valeur du nouveau nombre doit être la même que celle du produit qu'on aurait obtenu en multipliant à l'ordinaire par 10.

Si la virgule a été reculée de *deux* rangs, le multiplicande aura été centuplé; ainsi de suite.

L'INSTITUTEUR pourra aussi rappeler, et au besoin faire revoir la démonstration donnée dans la XXIVe. leçon (*des élémens*), relativement à la manière d'abréger la multiplication, lorsque le multiplicateur est terminé par des zéros ; ou plutôt sur ce qui arrive quand on ajoute des zéros à un nombre entier ; et IL montrera qu',en reculant la virgule, lorsqu'il y a des décimales, on produit absolument le même effet. Il fera trouver ensuite, d'après cela, et d'après tout ce qui vient d'être exposé, la raison pour laquelle il faut, quand le nombre des zéros du multiplicateur excède celui des décimales du multiplicande, non-seulement supprimer la virgule, mais encore ajouter, au multiplicande, autant de zéros qu'il y en a d'excédants dans l'autre facteur.

Il aura soin de rappeler le sens précis du mot décuple, pour faire remarquer que c'est la même chose de dire *augmenter en proportion décuple* la valeur d'un nombre, ou *rendre* cette valeur 9 *fois*, 99 *fois*, 999 *fois*, etc., *plus grande*; ou bien 10 *fois*, 100 *fois*, 1000 *fois*, etc., *aussi grande*.

Il fera au surplus justifier, par l'application du principe rappelé dans la leçon, l'exactitude du résultat de chaque multiplication ainsi abrégée.

Dans le reste de la leçon, l'instruction ne roule que sur les différentes applications du même principe ; mais elle exigera, de la part des élèves, beaucoup d'attention et de justesse de jugement, et par conséquent, de la part de l'instituteur, beaucoup d'explications,

de développemens, de répétitions, surtout
de patience.

La démonstration que j'y donne, ou plutôt
les applications que j'y fais du principe, sont
surtout relatives à l'espèce ou valeur des unités, tandis que, pour la multiplication des
nombres entiers, j'ai fait cette application relativement à ce que le produit contient le
multiplicande autant de fois que le multiplicateur contient l'unité, et contient par conséquent le multiplicateur autant de fois qu'il
y a d'unités dans le multiplicande. Or l'instituteur fera voir que cela n'établit aucune
différence entre les deux sortes de multiplications, et que l'identité n'en est pas moins
parfaite, soit sous le rapport de l'espèce des
unités, soit sous celui de la proportion entre
le produit et un facteur, et entre l'autre facteur et l'unité.

Il rappelera d'abord l'instruction de la
XXXe. leçon (*des élémens*) relativement à
ce que le calcul ne porte que sur la valeur absolue des chiffres; et fera observer
que, sous ce rapport, il en est de la multiplication des décimales, comme de celle des
nombres entiers; c'est-à-dire que, dans l'une
ainsi que dans l'autre, le produit, considéré
comme nombre absolu, contient un facteur

autant de fois que l'autre contient l'UNITÉ.
Car multipliez 4 par 3, *par ex.*, le produit
sera toujours 12, sera toujours le même, sous
le rapport de sa valeur absolue, soit que les
deux facteurs expriment des ENTIERS, soit
qu'ils expriment des DÉCIMALES, soit que l'un
exprime des ENTIERS, et l'autre une FRACTION
DÉCIMALE.

Il montrera ensuite que, sous le rapport de
l'espèce des unités, l'application du principe
est aussi la même pour les entiers que pour
les décimales; c'est-à-dire que l'espèce des
unités du produit doit, dans tous les cas possibles, être à celle de l'un des facteurs, comme
celle de l'autre facteur est à l'UNITÉ.

D'où il résulte que, dans les entiers, l'espèce des unités du produit doit toujours être
la même que celle des unités de chaque facteur; non pas que cela provienne de ce que
l'espèce est identique dans les deux facteurs,
car la même chose (et il le prouvera par des
exemples) peut arriver dans les décimales, et
doit toujours produire un résultat différent;
mais de ce que les ENTIERS, multipliés par des
ENTIERS, ne-peuvent produire que des ENTIERS.
Il est facile en effet de concevoir que les
nombres entiers ne peuvent, dans aucun cas,
produire une espèce d'unités moindres que

des UNITÉS ENTIÈRES. Ils ne peuvent pas non-
plus en produire de plus grandes ; car les
nombres entiers, quels qu'ils soient, et quelque grands qu'ils puissent être, sont tous
composés du même élément, et ne sont jamais que des nombres d'UNITÉS (entières).

L'INSTITUTEUR montrera donc que, dans
les ENTIERS, l'espèce des unités du produit
doit nécessairement, en vertu du principe,
être la même que celle des deux facteurs ;
mais IL fera observer que, par le même principe, il ne peut jamais en être ainsi dans
les DÉCIMALES, parce que les deux facteurs,
ou au moins l'un des deux, exprimant toujours une espèce moindre que l'UNITÉ, il est
évident qu'il faut que le produit exprime une
espèce moindre, dans le même rapport, que
celle de chaque facteur, quand ils ont tous
deux des décimales ; et s'il n'y en a que dans
un, une espèce égale à celle de ce facteur, et
par conséquent moindre que celle de l'autre.

EXEMPLES.

0, 4	0,4	4
0, 3	3	0,3
——	——	——
0,12	1,2	1,2

IL fera voir, dans le premier exemple,
que le produit exprime des CENTIÈMES, c'est-

à-dire une espèce moindre que celle de
chaque facteur ; dans le 2e., qu'il exprime
une espèce égale à celle du multiplicande,
mais moindre que celle du multiplicateur ;
enfin dans la 3e., que ... etc. Mais il fera
bien concevoir que cette différence, entre
les ENTIERS et les DÉCIMALES, dans l'espèce
des unités du produit comparée à celle de
chaque facteur, ne détruit nullement l'identité résultante du principe, puisque cette différence est une conséquence nécessaire de ce
principe.

Il expliquera ensuite comment cette identité est également exacte, sous le rapport
de la proportion entre le produit et un facteur, et entre l'autre facteur et l'UNITÉ ; c'est-
à-dire comment, dans les DÉCIMALES ainsi
que dans les ENTIERS, la valeur du produit,
quand l'opération a été faite correctement,
est toujours à celle du multiplicande, comme
celle du multiplicateur est à l'UNITÉ, et parconséquent à celle du multiplicateur, etc. Cependant, dans les ENTIERS, la valeur du produit est, et doit toujours être plus grande
que celle de chaque facteur (excepté pourtant, comme il est aisé de le sentir, lorsque
l'un des facteurs ou tous les deux sont l'UNITÉ) ;
au lieu que, dans les DÉCIMALES, cette valeur

est plus grande, ou moindre, selon que les facteurs contiennent, ou non, dés ENTIERS.

Ainsi, dans le premier des trois exemples ci-dessus, la valeur du produit est moindre que celle de chaque facteur, parce que ni l'un ni l'autre ne contiennent des ENTIERS. Dans le 2e., où le multiplicateur exprime des ENTIERS, la valeur du produit est moindre que celle de ce facteur, mais est plus grande que celle de l'autre. Enfin dans le 3e. etc.

Si chaque facteur contenait des ENTIERS, il est clair qu'alors la valeur du produit serait, comme dans une multiplication d'entiers, plus grande que celle de chaque facteur ; car les DÉCIMALES précédées d'ENTIERS peuvent bien opérer une augmentation de nombre pour ceux-ci, mais non-pas diminuer l'espèce ou la valeur de leurs unités.

Donc, dans les DÉCIMALES, la valeur du produit doit être moindre ou plus grande que celle de chaque facteur, selon qu'il y a, ou non, des ENTIERS dans ceux-ci ; mais l'identité résultante du principe, n'en existe pas moins sous ce rapport, comme sous les autres ; car, dans tous les cas, la valeur du produit sera à celle de l'un des facteurs, comme celle de l'autre facteur est à l'UNITÉ.

L'INSTITUTEUR aura toujours soin de justifier

tifier chaque explication par des exemples simples tels que ceux ci-dessus. Il pourra faire voir dans le 3e., *par ex.*, que 12 DIXIÈMES sont à 4 ENTIERS ou 4 UNITÉS, comme 3 DIXIÈMES sont à l'UNITÉ ou 1 ENTIER. En effet, si l'on prend le *quart* du produit 12 et du multiplicande 4, on aura d'un côté 3, et de l'autre 1, qui sont en même rapport que 12 et 4. Or il est évident que 3 DIXIÈMES (du produit) sont à 1 ENTIER ou 1 UNITÉ (du multiplicande) comme 3 DIXIÈMES (du multiplicateur) à l'U-NITÉ OU 1 ENTIER ; ou bien que chaque UNITÉ du nombre entier 4 est à 3 DIXIÈMES (par con-séquent 4 ENTIERS à 12 DIXIÈMES), comme l'U-NITÉ à 3 DIXIÈMES (1 ENTIER à 3 DIXIÈMES). Donc, dans cet exemple, la valeur du pro-duit est à celle du multiplicande, comme celle du multiplicateur à l'UNITÉ, etc.

Peut-être quelqu'un des élèves proposera-t-il ici une difficulté, qui toutefois n'est qu'appa-rente : il a été établi, pour la multiplication des nombres entiers, que *le produit est la somme du multiplicande pris autant de fois qu'il y a d'unités dans le multiplicateur ;* d'où il paraît résulter que le produit doit valoir le multiplicande autant de fois que le multiplica-teur vaut l'UNITÉ, ou contient d'unités. Or, s'il en est ainsi, comment se fait-il que, dans certains

I

cas, la valeur du produit doive être moindre que celle du multiplicande?

L'INSTITUTEUR n'aura pas de peine à faire comprendre que cette prétendue difficulté ne provient que de ce qu'on applique faussement, aux UNITÉS FRACTIONNAIRES, un raisonnement qui ne peut être fait que pour les UNITÉS ENTIÈRES. Il commencera en conséquence par établir que le principe, dont il est si souvent fait mention, est une base exclusive, de laquelle il ne faut jamais s'écarter, et à laquelle tout le reste est subordonné; qu'ainsi, lorsque, dans une multiplication quelconque, soit de DÉCIMALES, soit de NOMBRES ENTIERS, les proportions établies par ce principe sont exactes, toutes les autres circonstances, quelles qu'elles puissent être, doivent nécessairement en être des conséquences.

Il fera voir ensuite que, d'après le principe, le produit devant être au multiplicande, comme le multiplicateur est à l'UNITÉ, il est clair que, dans les ENTIERS, le produit doit valoir plus, ou au moins autant que le multiplicande, attendu que le multiplicateur vaut toujours plus, ou au moins autant que l'UNITÉ. Mais, dans les DÉCIMALES, la valeur du produit peut être moindre que l'UNITÉ, et alors le produit doit, aussi en vertu du principe, valoir moins que le

multiplicande, en même raison que le multiplicateur vaut moins que l'unité. Appliquons
encore ceci au même exemple, c'est-à-dire à la
multiplication de 4 entiers par 3 dixièmes.

Si le multiplicateur, au lieu d'être 0, 3 (3
dixièmes) était 1 (1 entier ou l'unité), il
est clair d'abord que le produit serait égal au
multiplicande ; car le produit d'un nombre
multiplié par l'unité est toujours égal à ce
nombre. Il est clair aussi que la valeur du
produit, pour être à celle du multiplicande
comme celle du multiplicateur est à l'unité,
devrait être égale à la valeur du multiplicande. Ce produit serait donc alors 4 entiers.

Mais le multiplicateur 0, 3 n'exprime et
ne vaut que 3 dixièmes de l'unité ; le produit
ne doit donc exprimer et valoir que 3 dixièmes de 4 entiers, et sa valeur doit par conséquent être moindre que celle du multiplicande. Aussi 12 dixièmes valent moins que
4 entiers, et ne sont, comme nous l'avons
prouvé, que les 3 dixièmes de 4 entiers.

L'instituteur aura soin de bien développer
ces différentes explications ; mais, je le répète,
comme elles exigeront, dans les élèves, beaucoup d'attention et de justesse de jugement,
il devra s'armer de patience, et aller fort len-

tement, ne traiter que l'un après l'autre, les différens points, et ne changer d'objet que lorsque ce qui précède aura été bien saisi.

Il insistera surtout sur les applications du principe, qu'il étendra à un plus grand nombre de décimales que je ne l'ai fait dans la leçon, et exercera beaucoup les élèves à cet égard, pour qu'ils apprennent à les faire avec exactitude et précision ; parce que cette connaissance est nécessaire, non-seulement pour cette leçon, mais encore pour l'intelligence des deux suivantes.

LIIIᵉ Leçon.

Toute la tâche de l'INSTITUTEUR, dans cette leçon, consiste à faire faire les applications dont il est parlé dans la leçon précédente. En conséquence, IL fera d'abord voir, par là, que les CENT MILLIÈMES multipliant des DIXIÈMES doivent produire des MILLIONIÈMES ; puis IL prouvera, de la même manière, que les ENTIERS multipliés par des CENT-MILLIÈMES, ou réciproquement, doivent produire des CENT-MILLIÈMES, tout comme les DIXIÈMES multipliés par des DIX-MILLIÈMES, ou multipliant des DIX-MILLIÈMES, etc., etc. D'où il résulte qu', à chaque nouvelle multiplication partielle, le multiplicande doit avoir un chiffre de plus que celui de la précédente ; et que l'espèce des unités de chaque produit partiel, autre que le premier, doit être la même que dans celui-ci ; que par conséquent le premier chiffre de chacun de ces produits doit être placé sur la même colonne, etc., etc.

Il aura soin de faire concevoir comment la fraction 0,00003671935 ne vaut pas *un* DIX-MILLIÈME ; et, pour cet effet, IL rappelera l'explication qu'IL a dû donner au commencement de la XLVIIe. leçon.

L I V^e.   L E Ç O N.

L'INSTITUTEUR n'aura, dans cette leçon, qu'à donner les explications et éclaircissemens nécessaires, pour faire bien saisir tout ce qu'elle contient, et à présenter, dans les multiplications abrégées qu'IL fera pratiquer, les différentes circonstances dans lesquelles peuvent se trouver les facteurs.

Il aura soin surtout de faire faire de fréquentes applications du principe, en vertu duquel doit être fixée l'espèce des unités de chaque produit ; pour que les élèves sachent toujours mettre chacun d'eux dans son rang, et rendre raison pourquoi tel ou tel rang, multiplié par tel autre, doit donner un produit de telle espèce ; et pour qu'ils sachent par conséquent placer toujours exactement le premier chiffre de chaque produit partiel.

Il expliquera aussi tout ce qui a rapport à la preuve par la DIVISION, et la fera pratiquer par ceux qui la concevront. Les autres se contenteront de celle qui résulte d'une nouvelle multiplication sur les mêmes facteurs qu'on aura substitués l'un à l'autre.

LVe. LEÇON.

L'INSTITUTEUR rappelera les observations qu'IL a dû faire (LIe. leçon), sur ce que les DÉCIMALES sont une suite des ENTIERS ; sur ce que les chiffres sont calculés d'après leur valeur numérique seulement ; etc., etc.

Il fera, sur les principes établis pour la division des entiers, les questions qu'IL jugera convenables, et particulièrement sur ce que le nombre des chiffres du quotient doit être égal à celui des dividendes partiels.

Il fera bien saisir le précepte mis en avant relativement au 2e. exemple ; puis IL s'assurera si les élèves ont présente l'instruction de la XLIIIe. leçon (*des élémens*), sur la nécessité de remplir, par o, chaque rang qui ne doit pas être occupé par un chiffre significatif , et leur fera voir la conformité qui existe dans les deux cas.

Il fera remarquer aussi que si, au lieu de mettre avant le résultat de la division les zéros qu'on ajoute, on les mettait après, le quotient se trouverait bien avoir autant de rangs de décimales dans un cas que dans l'autre ; mais il montrera qu'alors ce quotient ne serait ni le même, ni tel qu'il doit être. Et il pourra provisoirement le prouver au moyen du 2e. exemple ou de quelque autre semblable , en attendant la démonstration annoncée dans la leçon.

Pour cet effet, il rappelera ce qui a été exposé dans la XXXe. et la XXXVIe. leçons (*des élémens*), sur ce que le diviseur et le quotient marquent réciproquement l'un combien de fois l'autre est contenu dans le dividende ; et fera voir, d'après cela, que , dans le 2e. exemple, le quotient 0,08 (8 centièmes) est contenu *quatre fois* dans le dividende 0,32 (32 centièmes). Il montrera ensuite que si le zéro, qui est avant le 8, eût été mis après, le quotient aurait été 0,80. Or ce quotient a bien le nombre de décimales exigé par le principe, mais il est plus grand que l'autre, et n'est pas exact ; car il n'est pas,

comme le premier, contenu 4 *fois* dans le dividende, c'est-à-dire, autant de fois que l'u-
NITÉ dans le diviseur.

L'INSTITUTEUR fera donc bien concevoir que
ce n'est point ici le cas d'appliquer ce qui a
été établi dans la XLIVe leçon (*des élémen*s)
relativement à ce qu'on peut, sans changer la
valeur d'une fraction décimale, lui ajouter un
nombre quelconque de zéros.

IL fera observer aussi que, dans le dernier
exemple, le quotient 64 est exact, parce que
le diviseur 0,24 (24 CENTIÈMES) est contenu
64 *fois* dans 15,49 (1549 CENTIÈMES).

L V I^e. L E Ç O N.

L'instruction de cette leçon étant très-dé-
veloppée, L'INSTITUTEUR n'aura qu'à la faire
bien saisir dans tous ses points.

IL aura soin de fixer particulièrement l'attention des élèves sur le principe établi au
commencement, et sur la précaution qui en
est la suite.

IL reviendra sur l'instruction de la XLIVe.
leçon (*des élémens*) pour faire bien concevoir
que l'addition, faite à un dividende, d'un nombre quelconque de zéros, soit nécessaires,

soit excédans, ne change nullement la valeur
de ce dividende.

Il prouvera, par quelque exemple, tel que
celui-ci : 12 à diviser par 0,4 (c'est-à-dire 12,0
à diviser par 0,4), qu', en ajoutant, au dividende, un plus grand nombre de zéros que
ne le prescrit le principe établi au commence-
cement de la leçon, il en résulte, pour le
quotient, des zéros inutiles, toutes les fois
que l'on parvient à une division sans reste,
avant d'avoir épuisé tous les zéros du dividende; parce qu'alors chacun des derniers quotients partiels ne peut être que 0, vû qu'aucun
des membres de division restans ne contient
le diviseur. Or quand, dans une fraction décimale exprimée en chiffres, les rangs les plus
à droite sont occupés par des zéros, on peut
les supprimer tous, sans changer sa valeur
(XLVIᵉ. *leçon des élémens*).

Quant à l'autre circonstance , c'est-à-dire
celle des chiffres significatifs qui rendraient
la valeur du quotient plus rapprochée de celle
du quotient exact, il est évident qu'elle aurait
lieu toutes les fois qu'on épuiserait tous les
chiffres du dividende, avant d'arriver à une
division complète; et l'instituteur montrera que cette circonstance est parfaitement

analogue à celle qui est l'objet du dernier exemple.

Il est dit, à la fin de l'explication donnée sur ce dernier exemple, que *le quotient ne diffère pas d'un* MILLIÈME *du quotient exact, vû que le reste de la division ne contient pas le diviseur, etc., etc.*

Or, pour faire comprendre ce qui est établi à cet égard, l'INSTITUTEUR fera d'abord répéter l'instruction donnée au commencement de la XXIXe. leçon (*des élémens*), pour démontrer que le reste de chaque soustraction partielle doit toujours être moindre que le diviseur, et que, sous ce rapport, le reste de la division, qui n'est que le reste de la dernière soustraction partielle, ne diffère pas des autres.

IL rappelera que les chiffres ont une VALEUR ABSOLUE et une VALEUR RELATIVE. (XIIIe. *leçon des élémens*), et qu'un nombre exprimé en chiffres est toujours, ou peut toujours être regardé et énoncé comme un nombre d'unités de l'espèce déterminée par le rang le plus à droite.

IL fera voir ensuite que, dans une division faite correctement, le *premier* quotient partiel, c'est-à-dire le plus à gauche, ne peut jamais différer, *d'une seule* UNITÉ de son espèce, du quotient exact ; qu'il en est de même pour le *seond* ne faisant avec le premier qu'un seul nombre ; de même pour le *troisième*, joint aux deux autres ; et ainsi de suite.

Ainsi, dans l'exemple dont il s'agit, le *premier* quotient partiel 2, qui est au rang des UNITÉS, ne diffère pas d'*une* UNITÉ du quotient exact ; le 2e., qui joint au 1er. vaut 24 DIXIÈMES, n'en diffère pas d'*un* DIXIÈME ; le 3e., valant avec les deux précédens 240 CENTIÈMES, n'en diffère pas d'*un* CENTIÈME ; enfin le 4e. qui joint aux trois autres, vaut 2405 MILLIÈMES, n'en diffère pas d'*un* MILLIÈME.

En effet, pour que ce quotient 2,405 différât, du quotient exact, d'*un seul* MILLIÈME, il faudrait que le dernier quotient partiel 5 se trouvât trop faible, et que par conséquent le dernier dividende partiel 20400 contînt plus de *cinq fois* le diviseur 3704 ; ou ce qui revient au même : il faudrait que le reste de la division, qui n'est qu'une partie, que l'excédant de ce dividende partiel, contînt encore le diviseur, et fût plus ou au moins aussi grand que lui. Or il est bien évident qu'alors la division aurait été mal faite. Donc, dans cet exemple, où la division a été faite correctement, le

quotient 2,405 ne peut pas différer d'*un* MIL-
LIÈME du quotient exact.

IL fera remarquer toutefois que, quoique
l'explication qui vient d'être donnée, roule
presqu'entièrement sur la VALEUR RELATIVE
des chiffres du quotient, cela ne détruit en
rien ce qui a été démontré dans la XXXe. leçon (*des élémens*), savoir : que *le calcul
porte uniquement sur la valeur absolue des
chiffres*.

L V I I^e.   L E Ç O N.

Cette leçon ne comporte pas d'observations
particulières, et l'INSTITUTEUR n'aura qu'à
faire bien comprendre tout ce qu'elle contient, et à rappeler les principes qui y sont
relatifs.

IL fera voir que quand, dans les cas dont
il s'agit, on parvient à une division sans
reste, avant d'avoir épuisé tous les zéros du
dividende, on a obtenu le quotient exact,
et que par conséquent les zéros restans sont
superflus.

IL montrera que, si l'on achevait alors l'opération, on aurait seulement de plus, au
quotient, les zéros inutiles dont il est fait
mention dans la leçon précédente ; mais IL

fera remarquer que ceci n'a lieu que parce que les chiffres restans sont des zéros, et qu'il n'en serait pas ainsi, s'ils étaient significatifs, ou s'il y en avait parmi eux de significatifs ; car si, dans ces cas, il arrivait qu'une des divisions partielles, autre que la dernière, fût sans reste, et qu'on négligeât le surplus du dividende, il est bien évident que le quotient total ne serait pas exact, et serait moindre qu'il ne doit être.

LVIIIe. Leçon.

Les observations à faire sur cette leçon étant, en sens inverse, presque entièrement les mêmes que celles de la LIIe., je crois superflu de les répéter, et je me borne à renvoyer l'INSTITUTEUR à celles-ci, en l'invitant à suivre la même marche, sauf les modifications ou changemens nécessités par la différence des opérations, et qu'avec un peu d'attention il lui sera facile de reconnaître. Je lui recommande seulement d'éviter, dans les explications qu'il donnera, de confondre ce qui est propre à la DIVISION, avec ce qui appartient à la MULTIPLICATION ; car cela lui arrivera fréquemment, s'il n'y apporte une grande attention.

Il prendra garde surtout, dans les exemples qu'il proposera pour démontrer l'exactitude du résultat d'une division faite selon les règles ; il prendra garde, dis-je, à déterminer bien régulièrement les proportions établies par le principe, sur lequel est fondée cette démonstration ; et devra parconséquent ne pas perdre de vue que, dans la division, l'on ne considère point le rapport du résultat (du quotient) avec le diviseur, mais avec l'unité, ou avec le dividende ; au lieu que, dans la multiplication, l'on considère le rapport du résultat (du produit) avec l'un ou avec l'autre facteur, et nullement avec l'unité.

Il aura soin au reste de multiplier ces exemples, c'est-à-dire qu'il devra exercer beaucoup les élèves sur l'application du principe dont il s'agit, afin qu'ils sachent connaître par raisonnement, aussi bien qu'en comparant mécaniquement le nombre de rangs des décimales du dividende à celui des décimales du diviseur, combien doit en avoir le quotient.

Il fera remarquer aussi que, quoique les applications du principe soient ici relatives à l'espèce ou valeur des unités, tandis que, dans la division des nombres entiers, elles ont été faites relativement à ce que le quotient est contenu dans le dividende, autant de fois que l'UNITÉ dans le diviseur, et contient par conséquent l'UNITÉ autant de fois que le dividende contient le diviseur ; il fera remarquer, dis-je, que cela n'établit aucune différence dans la théorie, et n'empêche pas que l'identité soit parfaitement exacte sous tous les rapports.

IL fera donc voir que dans la division des DÉCIMALES, comme dans celle des NOMBRES ENTIERS, le quotient, considéré comme nombre absolu, contient l'UNITÉ autant de fois que le dividende contient le diviseur ; et est contenu dans le dividende, etc.

IL montrera ensuite que, sous le rapport de l'espèce des unités, la proportion existe dans les ENTIERS tout comme dans les DÉCIMALES ; car, dans les ENTIERS, le quotient ne peut jamais, ainsi que le dividende et le diviseur, exprimer que des UNITÉS ENTIÈRES. Par conséquent l'ESPÈCE des unités du quotient y est toujours à l'UNITÉ, comme l'ESPÈCE des unités du dividende à CELLE des unités du diviseur ; et est toujours à l'ESPÈCE des unités du dividende, etc. Dans les ENTIERS, l'espèce des unités du quotient ne peut donc jamais être autre que celle des unités du dividende, et celle des unités du diviseur ; mais il ne saurait en être ainsi dans les DÉCIMALES ; car, puisque l'espèce des unités du quotient est déterminée par l'excédant de nombre des rangs de décimales du dividende sur ceux des décimales du diviseur, il est bien évident que l'espèce des unités du quotient ne peut jamais être à la fois identique avec celle des unités du dividende et celle des unités du diviseur ; mais peut, selon les circonstances, différer des deux, ou être identique avec l'une, et différente de l'autre. L'INSTITUTEUR rendra cette vérité sensible par le moyen de quelques exemples, puis IL expliquera comment cette espèce de différence, entre la division des DÉCIMALES et celle des NOMBRES ENTIERS, est une conséquence nécessaire du principe.

IL fera voir, après cela, qu'il en est de même sous le rapport de la valeur du quotient, relativement à celle du dividende, et relativement à l'UNITÉ. Je veux dire que, dans les ENTIERS, la valeur du quotient est, et doit toujours être plus grande que l'UNITÉ, (excepté, comme on le sent bien, quand le diviseur est le même nombre que le dividende), et que cette valeur doit toujours être moindre que celle du dividende (excepté quand le diviseur est l'UNITÉ) ; mais, dans les DÉCIMALES, la valeur du quotient peut être

moindre

moindre ou plus grande que celle du dividende, moindre ou plus grande que l'UNITÉ;
et cela dépend de ce que la valeur du diviseur est plus ou moins grande que celle du
dividende, et plus ou moins grande que
l'UNITÉ.

En effet, si le QUOTIENT doit être à l'UNITÉ,
comme le DIVIDENDE est au DIVISEUR, il est
clair que le quotient vaudra plus ou moins
que l'UNITÉ, selon que le dividende vaut
plus ou moins que le diviseur.

Si le QUOTIENT doit être au DIVIDENDE,
comme l'UNITÉ, est au DIVISEUR, il s'ensuit
nécessairement que le quotient doit valoir
plus que le dividende, quand le diviseur vaut
moins que l'UNITÉ; et que, dans le cas contraire, c'est l'opposé.

Ainsi l'espèce de différence qui existe,
sous ce rapport, entre la division des DÉCI-
MALES et celle des ENTIERS, est pareillement
une conséquence nécessaire du principe.

Quelque élève pourra peut-être proposer
ici une difficulté analogue, en sens inverse,
à celle dont il est parlé dans la LIIe. leçon,
savoir : qu'il a été établi, pour la division des
nombres entiers, que *le quotient marque le
nombre de fois que le dividende contient le
diviseur*; d'où il parait résulter que le quo-

tient doit toujours avoir moins, ou tout au plus autant d'unités que le dividende ; car un nombre quelconque ne peut pas être contenu, dans un autre, plus qu'il n'y a d'unités dans celui-ci. Or, s'il en est ainsi, comment se fait-il que, dans certains cas, le quotient doive valoir plus que le dividende ?

Comme cette prétendue difficulté n'est fondée, ainsi que celle de la LIIe. leçon, que sur ce qu'on attribue, à tort, aux UNITÉS FRACTIONNAIRES ce qui n'appartient qu'aux UNITÉS ENTIÈRES, l'INSTITUTEUR emploîra les mêmes moyens, pour en faire sentir la futilité. En conséquence, il établira ici, comme là, qu'il faut toujours s'attacher exclusivement au principe ; qu'ainsi, lorsque dans une division quelconque, soit de DÉCIMALES, soit de NOMBRES ENTIERS, les proportions portées par ce principe sont exactes, toutes les autres circonstances, de quelque nature qu'elles puissent être, doivent leur être subordonnées.

IL fera voir ensuite que, d'après ce principe, la valeur du quotient doit toujours, dans les ENTIERS, être moindre que celle du dividende, ou tout au plus lui être égale, parce que la valeur du diviseur ne peut jamais qu'excéder, ou tout au moins égaler l'UNITÉ ; au lieu que, dans les DÉCIMALES , il peut arriver que la valeur du diviseur soit moindre que l'UNITÉ, et alors la valeur du quotient doit, en vertu du même principe, être plus grande que celle du dividende, en même raison que l'UNITÉ est plus grande que la valeur du diviseur.

IL n'oubliera pas de faire les applications à des exemples simples, analogues à ceux indiqués dans la LIIᵉ. leçon ; et en un mot, je le répète, IL n'aura qu'à suivre la marche qui y a été tracée, en adaptant à la division les raisonnemens faits pour la multiplication.

LIXᵉ. LEÇON.

L'INSTITUTEUR n'aura, dans cette leçon, qu'à rappeler les principes établis, et les raisonnemens faits pour la PREUVE de la multiplication et CELLE de la division des nombres entiers. IL prouvera, par le moyen des observations de la LIIᵉ. leçon et de la précédente, que ces principes et ces raisonnemens sont ici absolument les mêmes ; et IL exercera les élèves à en faire l'application.

LXᵉ. LEÇON.

L'INSTITUTEUR expliquera ce qu'on entend quand on dit qu'on peut retrancher des rangs

d'une fraction décimale, *lorsqu'on n'a be-*
soin que d'une valeur qui ne diffère, que
jusqu'à un certain point, de celle de la
fraction entière; ou *lorsqu'on veut repré-*
senter, avec le moins de différence possible,
cette fraction, par un moindre nombre de
rangs; et il fera voir que ces deux circonstances produisent le même effet. Car *par ex.*,
représenter, au plus près possible, par *trois*
rangs, la valeur d'une fraction qui en a *six*;
et représenter, à un MILLIÈME près, la valeur
de cette fraction, c'est toujours la borner à
trois rangs.

Il s'assurera si les élèves savent comment
l'addition d'un ou plusieurs zéros à une fraction décimale, ne change aucunement sa valeur; et s'ils conçoivent comment il résulte
de là que la suppression d'un, ou de plusieurs,
même de tous les zéros, qui terminent une
fraction décimale, ne change également rien
à sa valeur.

Il montrera comment la diminution, dans
la valeur de la fraction, est relative au nombre
et à l'espèce des rangs supprimés, ainsi qu'à
la valeur des chiffres qui occupent ces rangs;
et fera dire comment il résulte de là que,
toutes choses égales, cette diminution doit
être en raison inverse du nombre des rangs

de la fraction ; d'où IL fera conclure que lorsqu'une fraction exige, pour être exprimée entièrement, un grand nombre de rangs, la suppression de quelques-uns des derniers diminue bien peu sa valeur. Mais IL fera bien observer que, dans aucun cas, cette suppression ne doit porter sur le rang de l'espèce d'unités dont on a besoin, ou à laquelle on veut se borner, mais seulement sur ceux d'une espèce inférieure.

IL expliquera comment la valeur des chiffres supprimés ne peut jamais égaler celle d'*une* UNITÉ du dernier des rangs conservés, et fera voir que c'est une suite nécessaire de la PROPORTION DÉCUPLE; puisque, d'après cette proportion, chaque rang ne peut contenir tout au plus que les *neuf* DIXIÈMES d'une unité du rang le plus voisin à gauche; d'où il résulte que, quel que soit celui-ci, et en supposant, dans les chiffres qui le suivent, la plus grande valeur qu'ils puissent avoir, ces chiffres vaudront toujours, de moins qu'*une* UNITÉ de ce rang, *une* UNITÉ du dernier d'entre eux. Bref l'INSTITUTEUR fera usage des raisonnemens qu'il a dû employer dans la XLVIIe. leçon, pour prouver qu'une FRACTION DÉCIMALE quelconque ne peut jamais valoir *une* UNITÉ ENTIÈRE ; car il est aisé de voir que les argumens sont ici les mêmes.

Il fera comprendre, et au besoin démontrera qu'une quantité qui excède la *moitié* d'une quantité plus grande, approche plus de celle-ci que de zéro ; et que par conséquent, lorsque cette quantité plus grande est 10, tout ce qui vaut plus de 5 en approche plus que de zéro ; d'où il résulte que quand le premier des chiffres supprimés est au-dessus de 5, la valeur de ces chiffres excède la *moitié* d'une unité du dernier des rangs conservés. Or, en donnant alors à ce dernier rang une unité de plus, on augmente bien un peu, à la vérité, la valeur de la fraction, mais il est évident qu'on l'augmente moins qu'elle ne serait diminuée, si les chiffres, et par conséquent leur valeur, étaient simplement anéantis.

On sent parfaitement qu'il en est, sous tous les rapports, entièrement de même, lorsque le premier des chiffres supprimés est 5, mais suivi de chiffres significatifs ; car puisque 5 tout seul est la moitié de 10, et vaut par conséquent la *moitié* d'une unité du dernier des rangs conservés, il est bien clair que la valeur des chiffres significatifs qui suivent celui-là est un excédant de cette *moitié.*

Les observations que je viens de présenter pour le premier cas, indiquent suffisamment celles que peuvent exiger les deux autres; c'est-à-dire, celui où la valeur des chiffres supprimés est égale à la MOITIÉ d'*une* UNITÉ du dernier des rangs conservés, et celui où elle est moindre. Ainsi je me dispense de les exposer.

Mais, en terminant cette seconde partie, je crois devoir rappeler à l'INSTITUTEUR que, dans toutes les leçons, IL doit avoir soin de donner et demander les éclaircissemens et développemens nécessaires, non-seulement pour que tous les préceptes et enseignemens soient bien saisis, mais encore pour exercer l'intelligence des enfans. Car, je le répète, et on le voit assez, le but de ma méthode est autant de former le jugement, que de donner des connaissances en arithmétique, et c'est un objet que l'INSTITUTEUR ne doit jamais perdre de vue. En conséquence il doit, chaque fois que l'occasion s'en présente, soit donner des explications, soit rappeler les principes, ou seulement des instructions antérieures, soit demander la raison de telle ou telle règle, telle ou telle pratique, même des choses les plus simples, pour s'assurer si les élèves en ont connaissance; mais en même tems pour

voir s'ils raisonnent juste ; pour les familiariser avec l'exercice de leurs facultés intellectuelles, et les habituer à savoir se rendre
compte de ce qu'ils exécutent.

Je répète aussi qu'il doit toujours se mettre
à la portée des enfans, et exercer de préférence les moins avancés, en chargeant les
autres de relever les erreurs.

Fin de la seconde Partie.

OBSERVATIONS

POUR

LES INSTITUTEURS.

TROISIÈME PARTIE.

LXIe. LEÇON.

L'INSTITUTEUR verra, dans cette leçon, que je suis fidelle au plan de ma méthode, qui est d'aller toujours du CONNU à l'INCONNU; et ce doit être, pour lui, un nouvel avertissement de suivre la même marche.

IL fera concevoir comment les nombres seraient sans aucune utilité, seraient un objet de spéculation tout-à-fait oiseuse, s'ils devaient n'être considérés que sous le rapport de nombres ABSTRAITS.

IL s'assurera si les élèves connaissent la distinction des nombres en SIMPLES et COMPOSÉS, ENTIERS et FRACTIONNAIRES; et leur fera observer que, dans l'un ou l'autre de ces quatre états, ils peuvent être ABSTRAITS ou CONCRETS.

IL fera sentir aussi que le CALCUL ne peut

avoir pour objet que les nombres , sans aucun égard pour les choses auxquelles ils sont appliqués.

Il pourra entrer dans des explications sur l'origine des différentes mesures, relativement aux besoins de la société , et donner quelques notions sur la marche et les progrès de l'esprit humain , etc., etc. On sent que je n'ai pas dû traiter cette matière, qui n'entre qu'indirectement dans mon sujet, et qui m'eut mené trop loin. D'ailleurs une conversation est, pour cela, bien plus favorable qu'un écrit, surtout à l'égard des enfans. Au reste, c'est simplement ici, pour l'instituteur, une occasion, et non pas une obligation, de développer ces connaissances.

Il fera faire une attention particulière à la note sur le mot mesure, et à l'étendue de sens que je donne à ce mot, qui est employé ici comme un terme générique applicable à tout ce qui peut servir à *évaluer*, de quelque manière que ce soit, un objet quelconque. Il fera savoir que le mot valeur n'exprime autre chose que *l'estimation qu'on fait d'un objet par rapport à un autre objet*; c'est-à-dire que le mot valeur, employé pour une chose quelconque, exprime que cette chose est, sous un rapport déterminé, estimée plus ou moins que telle autre à laquelle elle est comparée. Or, comme on peut comparer, sous plusieurs rapports, un objet à un autre, on peut l'estimer, et par conséquent déterminer sa valeur, sous plusieurs rapports aussi; car il est évident que l'objet peut être estimé ou évalué sous autant de rapports qu'il peut être comparé, puisque la comparaison n'a d'autre effet que cette évaluation. L'INSTITUTEUR rendra cela sensible par des exemples d'objets comparés, soit en *pesanteur*, soit en *longueur*, soit en *volume*, etc.; et fera voir comment, d'après ce raisonnement, les MONNAIES peuvent, en quelque façon, être considérées comme des MESURES.

Il expliquera le sens du mot ARBITRAIRE, et fera sentir la vérité de cette assertion que *toutes les mesures sont arbitraires*; d'où a dû naître une grande diversité de mesures.

Il donnera une idée de ce qu'on entend par la SOCIÉTÉ, le COMMERCE, les SCIENCES, les ARTS.

Il enseignera ce que c'est que DISTANCE, PESANTEUR, MONNAIE.

Quant aux SURFACES et SOLIDES, il rappelera ce qu'il en a dit dans la première leçon, et tachera de les faire mieux connaître.

Il apprendra aux élèves ce qu'on entend par DIVISIONS et SOUS-DIVISIONS; et leur fera

voir qu'elles ne sont autre chose que des FRAC-
TIONS, et des FRATIONS DE FRACTIONS d'une
unité quelconque. IL ajoutera que cette unité
est alors appelée UNITÉ PRINCIPALE, parce que
c'est à celle-là que se rapportent toutes les
autres d'une valeur, soit moindre, soit plus
grande.

IL expliquera la signification des mots NO-
MENCLATURE, MÉTHODIQUE, REPRÉSENTATIVE,
et tâchera de faire concevoir ce qui constitue
une nomenclature de cette espèce, en en
faisant remarquer les avantages; mais IL ne
s'y arrêtera pas long-tems, parce qu'IL aura
occasion d'y revenir dans une des leçons suivantes.

IL aura soin de ne pas perdre de vue la
MÉTHODE DE L'INVENTION, et de se rappeler
ce que j'ai dit, à cet égard, dans la XXXVIIe.
et la XXXVIIIe. leçons.

LXIIe. LEÇON.

L'INSTITUTEUR rappelera la note qui est à
la page 245 (*des élémens*), pour faire concevoir que l'HEURE, le JOUR, l'ANNÉE, etc. sont
des MESURES, puisqu'ils servent à évaluer
quelque chose (le TEMS).

IL fera remarquer que chacune de ces me-

sures détermine un espace de tems, et que le
TEMS ne peut être mesuré qu'au moyen d'un
ou plusieurs espaces quelconques déterminés.

Il étendra cette explication aux autres mesures, aux MESURES DE LONGUEUR, aux MESURES
DE PESANTEUR, etc., et fera voir que toute
mesure est *une quantité quelconque déterminée*; vû qu'un objet qu'on veut mesurer ou
évaluer, sous quelque rapport que ce soit, ne
peut l'être que par le moyen d'une ou plusieurs
quantités, plus ou moins grandes, mais toujours d'une valeur déterminée.

Il pourra donner quelques notions sur le
JOUR et l'ANNÉE, c'est-à-dire, sur les révo-
lutions diurne et annuelle de la terre, ou rappeler aux élèves les connaissances qu'ils doivent avoir prises à cet égard en étudiant la
géographie.

Il pourra également faire quelques observations sur le MOIS, et montrer comment il
a aussi été pris dans la nature, d'où est venu
le nombre auquel on les a fixés, etc., etc ;
mais on sent que ces explications n'entraient
pas dans ma tâche.

Il donnera une idée de ce qu'on entend par
la NATURE et la MARCHE DE la NATURE ; et fera
voir, par des exemples, que cette marche est
constante et uniforme, parce que, dans des

circonstances égales, la nature produit constamment des effets égaux.

Il fera bien observer que, quoique la durée du jour et celle de la nuit, considérées chacune à part, varient continuellement pendant toute l'année, il n'est pas moins vrai qu'un jour et une nuit consécutifs, pris ensemble, ou considérés comme un seul espace de tems, sont toujours égaux à un autre jour et une autre nuit pris et considérés de même; et que par conséquent le jour, pris d'un minuit au minuit suivant, est une mesure invariable.

Il démontrera que les HEURES, les MINUTES, les SECONDES, etc. ne sont que des fractions du JOUR; et fera voir que les MINUTES, SECONDES, etc., peuvent aussi être regardées comme des fractions de fractions de cette UNITÉ PRINCIPALE, par rapport à laquelle IL rappelera ce qu'IL a dû enseigner, dans la leçon précédente, sur les UNITÉS PRINCIPALES en général, et en fera faire l'application.

Il est vraisemblable que quelque élève demandera quels étaient les inconvéniens attachés aux anciennes mesures du tems plus grandes que le JOUR; et L'INSTITUTEUR pourra facilement, s'il le juge à propos, satisfaire cette curiosité, en faisant remarquer le défaut d'uniformité qui en résultait pour les MOIS : d'abord parce que les uns étaient de 31 jours, les autres de 30, un seul de 28 et quelquefois 29; ensuite parce que, la SEMAINE étant composée de 7 jours, il fallait, pour la valeur d'un mois, tantôt quatre semaines tout juste, tantôt un jour de plus, tantôt deux, tantôt trois; de sorte que deux mois consécutifs (autres que celui de 28 jours) ne commençaient ni finissaient jamais par le même jour de la semaine; ce qui faisait qu', à moins d'avoir sous les yeux un almanach, on était souvent embarrassé pour savoir si tel ou tel mois était de 30 ou de 31 jours, et par quel jour de la semaine il devait ou avait dû commencer ou finir. De plus les mois de 31 jours, et celui de 29 ne pouvaient être divisés juste que par l'UNITÉ, et n'étaient pas susceptibles d'être partagés exactement, soit en deux parties, soit en trois, soit en plus. En outre les noms des mois étaient pour la plupart insignifians; et les autres présentaient une idée qui, vraie d'abord, était ensuite devenue fausse (SEPTEMBRE, OCTOBRE, NOVEMBRE, DÉCEMBRE n'étaient plus les 7ᵉ., 8ᵉ., 9ᵉ., et 10ᵉ., mois de l'année), etc., etc.; au lieu que dans le nouveau calendrier, etc.

Dans le reste de la leçon, il n'y aura que des développemens à donner pour faire bien concevoir l'instruction sur les MOIS, les JOURS

COMPLÉMENTAIRES, le BISSEXTE, et l'ANNÉE
BISSEXTILE.

IL apprendra aux élèves que le mot COMPLÉ-
MENTAIRE signifie *qui appartient au complé-*
ment, et qu'on entend par COMPLÉMENT *la*
quantité nécessaire à une quantité moindre
pour en égaler une plus grande, ou bien *ce*
qui manque à un nombre pour compléter un
nombre plus grand; 4 est le complément de
8 à 12. Le complément de 360 à 365 est 5.

IL faudra aussi expliquer ce que c'est que
l'ÈRE RÉPUBLICAINE FRANÇAISE (*a*), l'ATMOS-
PHÈRE (*b*), etc., etc.

On conçoit que, dans cette leçon, il est
facile d'entrer dans beaucoup d'autres explications et raisonnemens, soit pour exercer
l'intelligence des enfans, soit pour leur faire
prendre sur chaque objet des idées justes et
précises, et qu'il ne m'est pas possible de les
indiquer toutes. D'ailleurs l'entreprendre, ce
serait et me charger d'un soin superflu, et
faire injure, pour ainsi dire, à la sagacité des

(*a*) ÈRE. Point fixe d'où l'on commence à compter
les années, dans la chronologie.

(*b*) ATMOSPHÈRE. La masse d'air qui environne la
terre, et où se forment les météores : la pluie, la neige,
la grêle, le tonnerre, etc.

INSTITUTEURS.

INSTITUTEURS. En conséquence je me contente
d'inviter de nouveau ceux-ci à ne négliger
aucune occasion de former le jugement des
élèves, ou de leur donner quelque nouvelle connaissance ; à ne pas craindre de multiplier les
questions ; surtout à expliquer toujours le sens
de chaque mot nouveau pour eux, et à définir avec clarté et précision tout ce qu'ils
n'entendent pas.

LXIIIe LEÇON.

L'INSTITUTEUR expliquera ce que je n'ai fait
qu'indiquer dans la leçon, relativement à la
manière d'exprimer en chiffres, sans rien
changer, et en désignant seulement chaque
espèce, des nombres de mesures du tems plus
grandes que le JOUR ou l'UNITÉ PRINCIPALE.

IL fera bien saisir la méthode par laquelle
on peut, soit convertir en JOURS des espèces
plus grandes ou moindres que le JOUR, soit
convertir des JOURS en espèces plus grandes ;
et exercera les élèves à pratiquer ces conversions, tant pour les familiariser avec celles qui
peuvent être faites sur les mesures du tems,
que pour leur montrer comment on peut en
appliquer de semblables à des objets d'une autre nature.

L

Il rappelera ou fera répéter les instructions données ailleurs pour la conversion, en décimales, d'une fraction ou d'un nombre fractionnaire non-décimaux, et en fera faire l'application à différens nombres de mesures du tems qu'il fera convertir en décimales ; mais il fera bien observer que, dans ces conversions, et en général dans toute conversion en décimales, il ne faut considérer chaque espèce, qu'on veut réduire, que relativement à sa valeur par rapport à l'unité principale, et nullement à celle qu'elle peut avoir par rapport à d'autres espèces, soit moindres, soit plus grandes que cette unité ; que par conséquent lorsqu'on a à convertir en décimales un nombre d'une espèce quelconque, moindre que l'unité principale, il ne faut jamais prendre, pour diviseur, que le nombre d'unités fractionnaires qu'il faut de cette espèce pour composer cette unité ; ou, ce qui est la même chose, il faut toujours prendre pour diviseur le dénominateur de cette fraction de l'unité. Il fera faire l'application de ceci à l'exemple présenté dans la leçon, où les minutes et secondes sont considérées par rapport au jour seulement, sans aucun égard pour la valeur de la minute par rapport à l'heure, ni pour celle de la seconde par rapport à l'heure et à la minute.

Je sais que les astronomes ne s'astreignent pas à ce précepte, et qu'ils réduisent arbitrairement en décimales, soit les fractions du JOUR, soit celles de la MINUTE, ou celles de la SECONDE, etc. ; mais je crois, pour les enfans, devoir prescrire, à cet égard, une règle fixe et commune à toutes les MESURES, POIDS, MONNAIES, et qui d'ailleurs est une suite des principes que nous avons établis. Rien au surplus n'empêche l'INSTITUTEUR de leur montrer que l'une et l'autre manière sont également praticables, et que, dans tous les cas où la valeur ne pourra pas être rigoureusement la même, la différence est susceptible d'être diminuée au point de pouvoir être regardée comme nulle.

IL exercera les élèves à exprimer en chiffres, sous forme et décimale et non-décimale, différens nombres de mesures du tems, ainsi qu'à les énoncer des deux manières.

LXIVe LEÇON.

L'INSTITUTEUR aura soin de faire bien saisir la signification propre du mot LONGUEUR, dont la connaissance est indispensable pour l'intelligence de cette leçon, et de faire comprendre que toute *distance*, tout *espace* entre deux points quelconques, sont des LONGUEURS.

IL rappelera la distinction qui a été faite dans la 1re. leçon (*des élémens*), de la QUANTITÉ DISCRÈTE et de la QUANTITÉ CONTINUE; et fera remarquer que la LONGUEUR n'est autre chose qu'une QUANTITÉ CONTINUE, qu'une LIGNE.

IL pourra faire quelques questions sur la LIGNE, la SURFACE, le SOLIDE; puis IL montrera que chaque dimension considérée à part, est une LONGUEUR; que les mots LONGUEUR, LARGEUR, PROFONDEUR, n'expriment que l'étendue, que la LONGUEUR prise en différens sens; et que c'est tout comme si l'on disait: LONGUEUR *en long*, LONGUEUR *en large*, LONGUEUR *en profond*.

Comme les élèves auront sans doute appris, dans l'étude de la géographie, ce que c'est que le MÉRIDIEN, il ne sera pas difficile à l'INSTITUTEUR de leur donner une connaissance exacte du QUART de ce cercle, et de leur faire comprendre qu'il est une mesure de longueur.

IL fera voir comment la valeur d'une mesure de longueur quelconque peut être rapportée à celle-là, et comment par conséquent celle de l'UNITÉ PRINCIPALE de ces mesures est déterminée directement par son rapport avec le QUART DU MÉRIDIEN.

IL pourra ensuite donner une idée de la manière dont cette UNITÉ PRINCIPALE détermine celles des mesures d'une autre espèce ; mais il passera légèrement sur cet objet, qui se représentera plus d'une fois par la suite. IL fera seulement remarquer que les mesures de longueur, autres que le MÈTRE, se rapportent toutes à cette UNITÉ PRINCIPALE, et sont par conséquent également déduites du QUART DU MÉRIDIEN. Or les mesures, d'un autre genre que celles de longueur, sont toutes dans le même cas que celles-ci ; c'est-à-dire qu'elles se rapportent chacune à son UNITÉ PRINCIPALE. Si donc toutes ces UNITÉS PRINCIPALES sont déterminées par celle des mesures de longueur, il en résulte que celle-ci est une espèce d'étalon des autres, et qu'elle est l'UNITÉ PRIMORDIALE de toutes les mesures. C'est pourquoi on lui a donné le nom de MÈTRE (*mesure*) comme pour dire la *mesure par excellence*. Mais, comme le MÈTRE est lui-même déterminé par le QUART DU MÉRIDIEN, il s'ensuit que toutes les mesures sont déduites de celui-ci ; et que par conséquent il est la base, l'UNITÉ FONDAMENTALE de toutes les mesures des solides.

Il fera bien sentir la différence qui existe entre UNITÉ FONDAMENTALE, UNITÉ PRIMORDIALE, et UNITÉ PRINCIPALE.

Il s'attachera, dans le reste de la leçon, à faire bien concevoir ce qui y est enseigné, surtout relativement aux mots DÉCI, CENTI, DÉCA, HECTO, KILO, MYRIA. Il exercera les élèves sur les valeurs qu'ils expriment, ainsi que sur les rapports respectifs des différentes mesures de longueur.

LXVe. LEÇON.

L'INSTITUTEUR donnera toutes les explications nécessaires pour faire sentir les avantages de la NOMENCLATURE REPRÉSENTATIVE, soit relativement à ce qu'exprime le nom de chaque mesure de longueur, soit relativement à la facilité qu'elle procure pour convertir, tant les grandes espèces en moindres, que les petites en plus grandes.

Il pourra exercer les élèves à pratiquer des deux manières ces conversions, c'est-à-dire, par le moyen de la nomenclature, et par les moyens indiqués dans la LXIIIe. leçon (*des élémens*).

Il les exercera à exprimer en chiffres, et à énoncer différens nombres de mesures de longueur.

Il rappelera la note sur le mot mesure (*page 145 des élémens*) pour faire saisir la distinction de ce que j'appelle mesures mesurantes et mesures évaluantes ; et comme cette distinction sera également appliquée aux mesures d'un autre genre, il établira que j'entends en général, par mesure mésurante, *tout instrument servant à mesurer*, quels qu'en soient la matière, la forme, le nom, la valeur, etc. ; et, par mesure évaluante, *toute manière d'évaluer une quantité mesurée , d'exprimer la valeur d'une quantité mesurée ;* ce qu'il pourra facilement rendre sensible par le moyen d'un instrument quelconque mesurant, et de la quantité déterminée par cet instrument.

Il fera ensuite remarquer que tout ce qui est qualifié de mesure de longueur pourrait, à la rigueur, être employé comme mesure mesurante, et comme mesure évaluante ; mais que des instrumens de la valeur d'un myriamètre ou d'un kilomètre, même d'un hectomètre, seraient trop embarrassans pour l'usage, et que c'est la raison pour laquelle j'en fais des mesures seulement évaluantes ; d'autant plus qu',avec un décamètre (*instrument*) ou toute autre mesure moindre, on peut facilement mesurer une distance.

L 4

Il aura soin surtout de montrer que toutes les mesures de longueur, autres que le MÈTRE, sont des multiples ou des fractions de celle-ci, laquelle doit par conséquent être, en dernière analyse, regardée comme la seule mesure de longueur, soit MESURANTE, soit ÉVALUANTE.

LXVIe. Leçon.

L'INSTITUTEUR demandera ce qu'on entend quand on dit que les mesures agraires sont toutes ÉVALUANTES.

Il fera bien comprendre ce qui est contenu dans la note sur le mot SUPERFICIE, et montrera comment le DESSUS d'un corps ou d'un solide, d'une TABLE, *par ex.*, d'un LIVRE, etc. ne présente jamais que deux dimensions, tout comme un CHAMP, une SUPERFICIE quelconque.

Il fera voir, par le moyen des mêmes objets, ou autres à sa portée, comment une SUPERFICIE peut être mesurée dans chacune de ses dimensions en particulier, et comment on ne mesure alors que des LONGUEURS ; comment par conséquent il n'est alors besoin, soit pour mesurer, soit pour évaluer, que des MESURES DE LONGUEUR.

Il montrera ensuite, par le moyen de quelque instrument, d'une corde, *par ex.*, disposée d'abord en carré de la valeur d'un mètre ou d'un demi-mètre carré, puis en carré long, en triangle, etc. (et il fera bien concevoir que cette différence de forme n'en établit aucune dans la valeur de l'étendue); il montrera, dis-je, qu'on aurait bien pu avoir des instrumens qui, sous une forme quelconque, eussent mesuré les deux dimensions à-la-fois; mais qu'ils eussent été fort incommodes et pénibles dans l'usage, et n'auraient de plus pu servir à mesurer que des surfaces nues et praticables; au lieu que les mesures de longueur peuvent être employées avec beaucoup de facilité et dans tous les cas.

Il fera connaître la signification propre du mot AIRE (*place unie et préparée pour y battre les grains*), puis les autres acceptions dans lesquelles il se prend (AIRE *d'un bâtiment;* AIRE *d'un carré, d'un cercle;* etc.; AIRE *de vent;* AIRE *ou* NID *d'oiseaux de proie*, parce qu'ils font ordinairement leur nid dans un endroit plat et découvert), pour faire comprendre comment ce mot exprime toujours une SUPERFICIE; et que c'est la raison pour laquelle on en a dérivé le mot ARE.

Il lui sera facile, par le moyen de la corde représentant soit un mètre, soit un demi-mètre carré, de faire concevoir ce que c'est qu'un DÉCAMÈTRE CARRÉ; mais il s'attachera surtout à démontrer comment l'ARE (le *décamètre carré*) contient 100 mètres carrés; ce qui ne sera pas difficile au moyen d'un damier polonais, ou d'une feuille de papier sur laquelle IL aura tracé 100 carrés égaux, et disposés comme les cases d'un échiquier.

Je n'ai pas sans doute besoin, dans cette leçon, non plus que dans les suivantes, de lui recommander d'exercer de nouveau les élèves sur les mots MYRIA, KILO, etc. pour les leur rendre familiers, ainsi que les valeurs qu'ils expriment; mais IL aura soin surtout de multiplier les questions sur DÉCA et DÉCI, et de faire faire de nombreuses applications, soit du nom à la valeur, soit de la valeur au nom.

Je pourrais aussi me dispenser de lui rappeler qu',à chaque leçon, IL devra pareillement les exercer à exprimer en chiffres, et à énoncer différens nombres des mesures dont on traite, tout comme à convertir l'une en l'autre les différentes espèces.

IL fera faire, sur les mesures agraires, la remarque qui a été faite par rapport aux mesures de longueur, savoir: qu'il n'y a proprement qu'une seule mesure agraire (l'ARE), puisque toutes les autres ne sont que des multiples ou des fractions de celle-là.

Il expliquera comment le DÉCAMÈTRE CARRÉ est déterminé par le MÈTRE, et comment il en résulte que l'ARE est déduit du QUART DU MÉRIDIEN. Il rappelera aussi la distinction qui existe entre UNITÉ FONDAMENTALE, UNITÉ PRIMORDIALE et UNITÉ PRINCIPALE.

LXVIIe. Leçon.

Je répète encore ici que l'INSTITUTEUR doit toujours entrer dans les principaux développemens dont est susceptible le sujet de chaque leçon, tout comme expliquer et définir chaque mot nouveau pour les élèves, chaque chose qu'il jugera leur être inconnue.

Il fera voir comment une capacité quelconque réunit les mêmes dimensions que le solide qui la remplirait ; et comment elle peut être occupée, soit par un solide proprement dit, tel qu'une PIERRE, un MORCEAU DE BOIS ou de toute autre matière solide, soit par une substance susceptible de prendre la forme d'un solide, comme l'EAU ou un autre liquide, le SABLE, la FARINE, le BLÉ, etc.

Il fera bien concevoir comment les mesures de capacité sont réputées MESURANTES, quoiqu'elles soient proprement ÉVALUANTES ; et comment une mesure de solidité peut servir de mesure mesurante, pour connaître ou comparer la contenance d'une capacité : comment un litre de blé, *par ex.*, versé d'une mesure dans une autre, peut servir à déterminer si la seconde mesure tient plus ou moins d'un litre, et si elle est plus ou moins grande que la première.

Il fera comprendre que les mesures de capacité ne peuvent pas servir à mesurer ceux des solides qui ne sont pas susceptibles d'y être contenus, ni la contenance d'aucune capacité ; et montrera la manière dont les mesures de longueur remplissent cette fonction.

Il aura soin de donner une connaissance précise du CUBE, et par suite du MÈTRE et du DÉCIMÈTRE CUBIQUES, ce qui sera facile au moyen d'un DÉ à jouer, ou de tout autre corps cubique ; mais il fera bien remarquer que l'expression DÉCIMÈTRE CUBIQUE ne signifie pas *un* DIXIÈME de mètre cube, comme semble l'annoncer le mot DÉCIMÈTRE, mais un corps cubique dont chaque côté offre un décimètre, et par conséquent chaque face un décimètre carré (et il aura soin d'expliquer ce qu'on entend par les mots CÔTÉ et FACE) ; parce que, si on suppose un mètre cube divisé en *mille* parties égales, et à chacune de ces parties la forme d'un cube, chaque côté de ces cubes sera égal à un décimètre. D'où il résulte que le décimètre cubique est, non pas *un* DIXIÈME, mais *un* MILLIÈME de mètre cube.

Pour ce qui est de la forme des mesures, tant de capacité que de solidité, IL pourra facilement, par le moyen de quelque substance solide mais susceptible de prendre aisément et de conserver toutes les formes que l'on veut lui donner : un morceau de pâte, *par ex.*, ou de cire molle, ou de terre glaise, qu'il réduira successivement en cube, en cylindre, en cône, en boule, etc., et sur lequel IL fera observer que la quantité de matière est toujours la même ; IL pourra facilement, dis-je, prouver et faire concevoir que la forme des mesures de solidité est absolument indifférente, et qu'il en est de même pour celles de capacité, puisque c'est la forme de celles-ci qui détermine celle des autres.

IL fera comprendre ce qui est dit sur le STÈRE et sur les mesures qui y ont rapport, et expliquera comment le LITRE et le STÈRE sont déterminés par le MÈTRE.

LXVIIIe. Leçon.

L'INSTITUTEUR fera bien saisir les deux significations principales du mot POIDS, et la différence de la première avec celle du mot PESANTEUR. IL expliquera comment le poids d'un objet ne peut être jugé que par comparaison à celui d'un autre objet.

IL fera surtout bien comprendre la signification du mot MASSE; et pour cet effet IL tâchera de donner une idée de ce qu'on entend par MATIÈRE PROPRE.

IL établira donc que tout ce qui existe, que tous les corps sont formés d'une chose quelconque; car il est bien évident que le *corps* d'un homme, *par ex.*, ou *celui* d'un animal, qu'une *pierre*, un *morceau de bois*, de l'*eau*, etc., etc., sont formés de quelque chose; or c'est ce quelque chose qu'on appelle MATIÈRE; qu'il y a peut-être plusieurs matières premières, c'est-à-dire plusieurs principes, plusieurs corps simples qui entrent dans la formation des corps composés (il paraît même, d'après les connaissances acquises jusqu'à ce jour, qu'il en est ainsi; car il y a plusieurs substances qu'on n'a point encore pu parvenir à décomposer); mais qu'il se peut aussi qu'il n'y en ait qu'une; c'est-à-dire qu'il peut se faire qu'il y ait une substance première, unique, qui soit l'élément universel des corps, tant solides que fluides, et alors les différences qu'on remarque entre eux proviennent des différens arrangemens, des différentes modifications dont cette substance est susceptible. Or, dans l'une et l'autre de ces deux hypothèses, c'est la substance primitive des corps qu'on appelle MATIÈRE PROPRE ; c'est la quantité de cette matière, dans un corps quelconque, qui constitue la MASSE de ce corps, et c'est le plus ou le moins de cette masse, de cette quantité de matière propre qui produit le plus ou le moins de POIDS. D'où il résulte que c'est par le poids d'un objet qu'on juge de sa masse, et que par conséquent le poids et la masse sont en raison directe réciproque ; c'est-à-dire que plus un objet a de masse, plus il a de poids, et que plus il a de poids plus il a de masse.

Donc *une quantité d'une substance quelconque, comparée à une autre, a plus, ou autant, ou moins de poids que celle-ci, selon qu'elle a plus, ou autant, ou moins de masse.*

Bien entendu que l'INSTITUTEUR expliquera ce qu'on entend par CORPS SIMPLE et CORPS composé, et en quoi consiste la distinction des corps en SOLIDES et FLUIDES, puis la différence des FLUIDES aux LIQUIDES.

Un FLUIDE est une substance dont les parties n'ont point ou presque point de cohésion entre elles, et sont susceptibles de se mouvoir indépendamment les unes des autres: Tels sont l'*air*, la *fumée*, un *tas de blé* ou de *sablon*, une *liqueur* quelconque etc., etc. Mais si toute liqueur est fluide, tout fluide n'est pas nécessairement liqueur. Pour qu'un fluide soit liqueur, il faut que ses molécules, ses parties soient constituées de manière à ce que la surface supérieure soit toujours parallèle à l'horison. Ainsi de l'*eau*, du *vin*, de l'*huile*, etc., sont des FLUIDES LIQUIDES ; mais un *tas de blé* ou de *sablon*, l'*air*, la *fumée*, etc., sont des FLUIDES NON-LIQUIDES.

Cette instruction et celle qui sera exposée tout à l'heure sont entièrement du ressort de la physique, et seront sans doute au-dessus de la portée des élèves ; mais c'est à l'instituteur à juger ce qu'ils pourront entendre, et à proportionner les explications, à accommoder son langage à leur capacité, à leur intelligence.

Il fera sentir que si l'on n'avait jamais besoin que de savoir si deux objets donnés sont,

sont, ou non, égaux en poids, les mesures de pesanteur seraient presque toujours inutiles ; car la main seule suffirait, excepté quand les poids seraient très-peu différens. Mais lorsqu'il est question de savoir combien un objet pèse de plus ou de moins qu'un autre, alors il faut nécessairement rapporter les poids respectifs à une mesure quelconque, pour qu'on puisse connaître combien de fois l'objet le plus pesant contient, de plus que l'autre, la mesure convenue ; ou, si c'est la mesure elle-même qui soit le seul objet de comparaison, combien de fois l'objet comparé vaut cette mesure, ou combien de fois la mesure vaut l'objet comparé.

Il fera connaître, autant qu'il lui sera possible, les divers instrumens dont on se sert pour peser.

Il aura soin de faire bien entendre tout ce qui est exposé dans la note sur l'EAU DISTILLÉE, et apprendra aux élèves que toute eau naturelle, quelle qu'elle soit, contient plus ou moins de particules étrangères, et que ces particules en sont séparées par la distillation.

Il tâchera aussi de leur donner une idée de la RARÉFACTION, c'est-à-dire de l'état d'expansion, de dilatation que produit la chaleur dans tous les solides et fluides. Il leur apprendra donc que tous les corps connus, sans en excepter aucun, sont susceptibles de raréfaction, c'est-à-dire d'augmenter en volume, d'occuper plus d'espace qu'auparavant, dès qu'ils sont exposés à l'action du feu (du CALORIQUE).

Il pourra facilement leur en donner une preuve physique au moyen d'un thermomètre qu'il échauffera dans sa main, ou dont il fera remarquer les variations à différentes époques. A défaut de thermomètre, il pourra faire chauffer et bouillir devant eux de l'*eau*, ou du *vin*, ou du *lait*, ou un autre liquide; ou du moins leur expliquer ce qui se passe dans cette opération dont chacun d'eux doit avoir connaissance.

Il leur apprendra ensuite qu'il en est de même pour tous les autres corps, mais qu'ils ne sont pas tous également dilatés au même degré de chaleur; car la raréfaction est, toutes choses égales d'ailleurs, en raison inverse de la densité du corps raréfié; c'est-à-dire que moins le corps est dense, plus la raréfaction est considérable, *et vice versâ*.

La DENSITÉ est, dans les corps, une qualité relative, qui est en raison directe de la quantité de matière renfermée sous un certain volume ; c'est-à-dire qu'un corps est plus dense qu'un autre, lorsqu'il contient plus de matière sous un volume égal ; de sorte que la densité ne peut être jugée que par comparaison. Et il ne faut pas la confondre avec la MASSE.

Deux corps sont égaux en densité, quand ils sont égaux en poids et en volume. Mais deux corps peuvent être égaux en masse, sans l'être en volume ; ce qui arrive quand ils ont un volume différent et un poids égal.

Il résulte de là que la raréfaction et la densité peuvent servir l'une à mesurer l'autre, et sont en raison inverse réciproque.

Ainsi les FLUIDES ÉLASTIQUES, les GAZ, les différentes sortes d'AIR, qui sont les corps les moins denses, sont, toutes choses égales d'ailleurs, les plus raréfiés à un degré de chaleur donné. Après eux viennent les LIQUIDES ; puis enfin les SOLIDES. Bien entendu que, dans chacune de ces classes, la raréfaction est toujours en raison inverse de la densité ; et c'est pourquoi l'OR et la PLATINE, qui sont les solides les plus denses connus, sont, toutes choses égales, les moins raréfiés de tous les corps.

L'INSTITUTEUR prouvera que le GRAMME est déterminé par le MÈTRE, en faisant observer

que le GRAMME est fixé par le DÉCILITRE, ou
par le CENTIMÈTRE CUBE, et que l'un et l'autre
sont déterminés par le MÈTRE. Il s'assurera
si les élèves savent pourquoi le DÉCILITRE
équivaut au CENTIMÈTRE CUBE.

Il fera comprendre comment les POIDS,
dont on se sert dans les balances, ne sont
proprement que des mesures évaluantes, quoique, par l'emploi auquel ils sont destinés,
ils puissent être regardés comme mesures
mesurantes.

LXIXᵉ. LEÇON.

L'INSTITUTEUR développera l'explication qui
est au commencement de cette leçon, et rappelera celle qu'IL a dû donner, dans la LXIᵉ.,
sur ce qu'exprime le mot VALEUR.

IL expliquera ce qu'on entend par VALEUR
IDÉALE ou d'OPINION, et fera concevoir comment celle qui est établie par les MONNAIES est
de ce genre, au contraire de celle qui est considérée sous le rapport de l'ÉTENDUE, de la
SOLIDITÉ, de la PESANTEUR, qui sont des qualités physiques et essentielles de la matière;
car la VALEUR, considérée sous ce dernier
rapport, est une dépendance nécessaire de
ces propriétés de la matière, et doit par conséquent exister comme elles.

Ainsi, la longueur déterminée par un MÈTRE, *par ex*, est un être réel, puisqu'elle est l'espace compris entre deux points qui existent eux-mêmes.

De plus, cette longueur est invariable : je veux dire qu'elle ne peut jamais être moindre ni plus grande ; car si on l'augmentait ou diminuait, ce ne serait plus le même espace, ce ne serait plus l'espace compris entre les mêmes points, ce serait une autre longueur.

Il en est de même aussi pour une valeur en SUPERFICIE, en SOLIDITÉ, de quelque manière qu'on l'évalue.

Mais il n'en est pas ainsi pour une valeur estimée en MONNAIE; car, n'étant déterminée que par l'opinion, et étant par conséquent tout-à-fait arbitraire, elle doit être sujette à varier. Aussi voyons-nous tous les jours que le même objet, vendu et revendu plusieurs fois, l'est presque toujours à un prix différent : prix de 1re. main, prix de 2e. main, de 3e. de 4e., etc; prix relatif à l'abondance ou la rareté de l'objet; prix relatif à la mode, etc., etc.

IL tâchera de faire concevoir comment les monnaies ne sont que des objets d'échange, ce qu'IL rendra facilement sensible, en faisant observer qu'une chose, au lieu d'être payée en monnaie; au lieu d'être échangée contre de la monnaie, peut l'être de même contre autre chose, qui sera jugée par les individus échangeans , c'est-à-dire par le vendeur et l'acheteur, équivalente à la première. IL ajoutera qu',avant l'établissement des monnaies , tous les marchés se faisaient de cette manière, et qu'aujourd'hui même il s'en exécute souvent de pareils.

IL pourra entrer dans quelques détails sur l'origine des monnaies ; sur leur utilité, c'est-à-dire, la facilité qu'elles procurent ; sur la cause de la différence de valeur dans les différens métaux dont elles sont faites, etc., etc.

IL fera connaître aux élèves la monnaie d'espèces, c'est-à-dire les différentes pièces de monnaie en usage en France, et fera remarquer la valeur de chacune, soit par rapport à celle d'une autre pièce, soit relativement à l'UNITÉ PRINCIPALE.

IL les exercera sur la manière d'exprimer en chiffres, et celle d'énoncer une somme quelconque ; mais surtout à convertir, en monnaie de compte, différentes sommes énoncées en monnaie d'espèces, ou en monnaie d'espèces, des sommes de monnaie de compte ; afin de les habituer à opérer facilement ces conversions, d'abord avec le secours de la plume, puis simplement de tête,

LXXe. LEÇON.

L'INSTITUTEUR n'aura, dans cette leçon, qu'à s'assurer si les élèves savent ce que c'est que NOMBRE ABSTRAIT et NOMBRE CONCRET ; à les exercer sur les principes et les règles établis pour l'ADDITION et la SOUSTRACTION, tant des ENTIERS que des FRACTIONS DÉCIMALES ; et à en faire faire des applications aux différens exemples.

Je répète encore ici qu'IL devra toujours faire écrire, tantôt sous sa dictée, tantôt sous celle de l'un ou l'autre des élèves, les difféférens nombres sur lesquels on devra opérer ; afin qu'ils se fortifient de plus en plus dans la manière de les écrire correctement , et de placer exactement les *unités* sous les *unités*, les *dixaines* sous les *dixaines*, etc. IL n'oubliera pas non plus de faire, en son particulier, chaque opération et sa preuve, puis de comparer l'une et l'autre avec celles de chaque élève. IL aura soin aussi de veiller à ce que chacun d'eux remplisse entièrement sa tâche, et ne se contente pas de copier l'ouvrage d'un autre.

Je lui recommanderai en outre, lorsqu'IL proposera lui même les nombres à écrire, de varier la manière de les énoncer ; c'est-à-dire d'énoncer, tantôt toutes les espèces pour que les enfans s'habituent à savoir assigner sur-le-champ à chacune le rang qu'elle doit occuper, tantôt le nombre tel qui doit être écrit. Il fera aussi énoncer de l'une et l'autre manière le résultat de chaque opération.

Je n'ai pas besoin d'avertir que tout ce qui est prescrit ici pour l'ADDITION et la SOUSTRACTION doit également être observé dans la MULTIPLICATION et la DIVISION.

Ces détails paraîtront sans doute minutieux, mais je ne les crois pas indifférens. Il est des cas où il vaut mieux s'exposer à dire des choses superflues, qu'à en omettre d'utiles.

LXXIe. LEÇON.

L'INSTITUTEUR fera bien comprendre l'explication donnée au commencement de cette leçon, afin que les élèves sachent toujours trouver à quel objet doit être appliqué le produit.

Il leur rappelera ce qui a été dit dans la XXe. leçon (*des élémens*), savoir : que *le produit n'est autre chose que la somme du multiplicande ajouté à lui-même autant de fois que le marque le multiplicateur ;* d'où il suit que le produit doit toujours être appliqué au même objet que le multiplicande ; car la somme d'une addition quelconque ne peut jamais être appliqué à aucun objet autre que celui auquel sont appliqués les nombres qui ont été additionnés, les nombres qu'elle représente.

Il fera remarquer que, dans une multiplication de nombres abstraits, il ne peut en être autrement, vû que les nombres ne peuvent que se ressembler, sous le rapport de la qualité abstraite; que, dans celle des nombres concrets, il en est de même, sous le rapport de la qualité concrète, toutes les fois que les deux facteurs sont appliqués à des objets de même genre, quoique celui auquel est appliqué le multiplicateur doive être compté pour rien, puisque ce facteur, lors même qu'il est concret, est toujours censé n'exprimer qu'un nombre de fois, un nombre abstrait (car *nombre abstrait*, ou *nombre de fois*, ou *nombre d'unités* n'expriment qu'une même chose); mais que, lorsque les facteurs sont appliqués à des objets de genre différent, l'objet, auquel doit être appliqué le produit, ne sera identique avec celui du multiplicande, qu'autant qu'on aura conservé le véritable multiplicande, c'est-à-dire, qu'autant que, dans l'opération, on aura pris, pour multiplicande, le nombre, soit moindre, soit plus grand que l'autre, qui aura été déterminé par la réponse à la question.

Puisque le calcul a pour objet les nombres, non les choses auxquelles ils sont appliqués, il est clair qu'on pourrait bien se dispenser de désigner, dans les facteurs, les UNITÉS PRINCIPALES; car on n'y a aucun égard dans l'opération.

IL exercera les élèves, tant sur les exemples donnés dans la leçon, que sur ceux qu'IL proposera, et qu'il devra varier de même; IL les exercera, dis-je, à faire la question indiquée, et à y répondre, ainsi qu'à faire des applications des principes et règles établis pour la multiplication des nombres abstraits, soit entiers, soit fractionnaires.

IL fera remarquer 1º. que, dans toute multiplication de nombres concrets, on opère sans avoir égard aux objets auxquels les facteurs sont appliqués; et qu'ainsi, dans l'opération, un multiplicateur concret est traité tout comme s'il était abstrait; 2º., que, quand l'opération est faite, on ne s'occupe plus du multiplicateur. D'où il résulte que ce facteur n'est jamais considéré, soit dans l'opération, soit dans le résultat, que comme un nombre abstrait.

L X X I I^e. L e ç o n.

L'INSTITUTEUR n'aura, dans cette leçon, qu'à faire bien saisir ce qui est exposé sur le procédé à suivre pour évaluer la contenance d'une superficie présentant un CARRÉ PARFAIT ou un CARRÉ LONG, et IL aura soin de faire connaître ces deux figures.

IL fera les questions nécessaires pour rappeler ou faire trouver quel est, dans un nombre contenant des décimales, l'effet de la VIRGULE avancée d'un ou plusieurs rangs; et montrera que, dans les cas dont il s'agit, on rend 99 *fois* moindre la VALEUR ABSOLUE du nombre où l'on transporte ainsi la VIRGULE; (j'entends, ici, par VALEUR ABSOLUE, *la valeur considérée sous le rapport de nombre abstrait*) mais que la VALEUR RELATIVE est toujours la même. 1 ARE, ou 100 mètres carrés expriment une même valeur, une même superficie.

IL fera dire pourquoi un nombre de mètres carrés, qui serait moindre que 100, n'exprimerait pas la valeur d'*un* ARE, et pourquoi, etc.

IL exercera les élèves à pratiquer des conversions analogues à celles des exemples donnés dans la leçon.

LXXIIIe. Leçon.

Mêmes observations que dans la leçon précédente, en ayant égard, toutefois, aux considérations et circonstances particulières à celle-ci : telles que la double multiplication ; l'obligation de reculer la VIRGULE de *trois* rangs, au lieu de l'avancer de *deux* ; celle de mettre les zéros après, au lieu de les mettre avant, dans les cas où il faut en ajouter ; etc.

L'INSTITUTEUR aura soin aussi de bien expliquer le procédé par lequel on parvient à connaître la solidité, soit d'un CYLINDRE, soit d'un CÔNE, etc. ; et par conséquent de faire bien saisir ce qu'expriment les mots AIRE, CERCLE, DIAMÈTRE, BASE, HAUTEUR, GRAND CERCLE, etc ; ce qu'IL rendra facilement sensible, en mettant les objets sous les yeux.

IL devra en outre s'assurer si les élèves se rappellent la manière de prendre le TIERS, le QUART, etc., d'un nombre ; c'est-à-dire s'ils ont présente la manière abrégée de faire la division en prenant une partie du dividende partagé en autant de parties égales qu'il y a d'unités dans le diviseur (XLe. *leçon des élémens*).

Quant à la démonstration géometrique de la

vérité du résultat de chacune de ces opérations ; comme elle exigerait des connaissances que n'ont pas les élèves, L'INSTITUTEUR se contentera d'affirmer que, quand ces opérations ont été faites correctement, les résultats concrets sont très-exacts ; c'est-à-dire que les quantités de matière déterminées par ces résultats existent réellement.

LXXIVe LEÇON.

L'INSTITUTEUR fera répéter aux élèves la signification propre des mots DIVIDENDE, DIVISEUR et QUOTIENT.

IL leur rappelera qu'un NOMBRE DE FOIS ou un NOMBRE ABSTRAIT expriment la même chose, et que les nombres abstraits ne peuvent qu'être tous semblables sous le rapport de cette qualité (la qualité abstraite) ; d'où IL fera conclure que, dans une division faite sur des nombres de cette espèce, le quotient peut toujours être considéré comme un nombre abstrait.

IL rappelera aussi les instructions qu'il a dû donner dans la XXXVIe. leçon, pour bien faire comprendre comment le diviseur et le quotient marquent, l'un combien de fois l'autre est contenu dans le dividende.

Iʟ s'assurera s'ils conçoivent pourquoi, dans une division concrète, il importe peu, relativement au calcul proprement dit, de quelle manière on considère, soit le diviseur, soit le quotient.

Iʟ les exercera sur les cas où le quotient doit être considéré comme abstrait, et ceux où il est concret; c'est-à-dire qu'ɪʟ proposera plusieurs exemples à ce sujet, et ɪʟ aura soin de leur rappeler et faire concevoir qu', *en partageant un nombre en autant de parties égales qu'il y a d'unités dans un autre*, ou bien, *en prenant une partie d'un nombre qu'on suppose partagé en autant de parties égales que le marque un autre nombre*, on arrive au même résultat qu'en divisant un nombre par un autre.

Iʟ s'attachera surtout à ce qu'ils se pénètrent bien de la manière dont on peut reconnaître quel est, dans une division concrète proposée, le nombre qui doit être pris pour dividende. Pour cet effet, ɪʟ aura soin de multiplier les exemples, et de les varier, tant sur les nombres que sur les objets, en faisant toujours faire, sur chacun, la question indiquée ainsi que la réponse, jusqu'à ce qu'ils comprennent bien cette manière, jusqu'à ce qu'ils s'entendent bien eux-mêmes; ce qui n'exige qu'un peu d'attention.

LXXVe. Leçon.

L'instituteur n'aura, dans cette leçon, que des principes, des règles à rappeler et à faire appliquer, tant aux exemples présentés dans la leçon, qu'à ceux qu'il donnera lui-même.

Bien entendu qu'il fera pratiquer toutes sortes de divisions; c'est-à-dire qu'il parcourra toutes les circonstances qui peuvent se rencontrer dans cette opération. Le dernier exemple sur-tout et tous ceux du même genre lui fourniront de nombreuses applications à faire des principes antérieurs; et il ne devra pas les négliger, au moins jusqu'à ce que les élèves sachent bien en rendre raison.

Il rappelera les différens problêmes proposés dans la XXVe. leçon (*des élémens*), et fera remarquer sur les exemples donnés dans la présente, ainsi que sur tout autre quelconque, que, de quelque manière qu'on puisse s'énoncer en proposant une division, que de quelque manière que soient conçus les problêmes, l'opération se réduit toujours, en *dernière analyse, à chercher combien de fois un nombre est contenu dans un autre.*

Iʟ aura soin de développer les raisonnemens qui terminent la leçon, pour en faire sentir la justesse.

Fin de la Troisième et dernière Partie.